你的心境，決定你的人生

連城紀彥 編著

Do your best, you will creat a miracle

調整心境，才能改變自己的人生

美國作家海爾曼說：「有一天，當你發現自己的境遇都是自己造成的，而非源於意外、時間或命運，那是多麼悲哀的事。」
確實，一個人現在面對人事物的心態，將會決定自己的未來究竟是什麼模樣。相對的，只要願意從現在起調整自己的心境，人生也會隨著出現微妙的變化。未來會發生什麼事情，或許不是我們可以左右的，但是，我們絕對可以藉由改變自己的心境，進而自己改變自己的人生。

• 出版序 •

你的心境，決定你的人生

所謂「正面思考」並不是要求你在傷心絕望之際，還要努力擺出樂觀開朗的姿態。你只需要把困境視為一種暫時的情況。

作家羅柏曾經這麼說過：「天底下，只有想過和不想過的日子，並沒有好過和難過的日子。」

的確，如果是自己不想過的日子，再怎麼「好過」，你也會認爲難過，但是，如果是自己想過的日子，再如何「難過」，你也會認爲很充實。

如果你覺得自己的日子很難過，那麼，就必須問問自己到底想過什麼日子，爲什麼要過眼前這種日子。只要把問題釐清，就算日子再怎麼難過，你也可以面帶微笑從容度過。

歐瑪．龐貝是美國著名的報紙專欄作家，曾經上過《時代》雜誌封面，被評選為美國最具影響力的二十五名女性之一。

雖然她集許多榮耀於一身，不過，她的人生可從來不曾一帆風順。

歐瑪從學生時代就很喜歡寫作，但是，她的大學指導教授「好心地」建議她：「忘了寫作這回事吧。」

畢業之後，歐瑪努力地在報上爭取到一個小小的職位，也如願以償地開始了寫作生涯，負責撰寫報紙上的訃告專欄以及婦女版。

顯然，這份工作並沒有為她帶來多大的成就感。而在家庭生活中，她也還有另外一場硬仗要打。

她的婦產科醫生告訴她，她無法懷孕。但是，她和她的丈夫卻都不願意放棄任何一絲希望。

在幾經努力之後，歐瑪奇蹟似地懷孕了，緊接而來的，卻是更多、更大、更殘酷的打擊。她在四年內經歷了四次懷孕，其中兩次以流產和夭折告終，只有兩個孩子存活下來。

如此不順遂的遭遇令歐瑪身心俱疲，但是她仍選擇大步朝夢想前進。

一九六四年，歐瑪終於說服一家小型地方報社錄用她的稿件，讓她撰寫每週一次、稿酬只有三塊美元的幽默專欄。

這個不起眼的機會為她開啟了通往成功的大門。

歐瑪的專欄受到許多讀者的喜愛，也吸引了大眾的注意。

到了一九六七年，她的專欄已經在全美超過九百份報紙上刊登。

沒想到，就在她事業如日中天之際，疾病悄悄地找上了她。

歐瑪一路經歷了乳癌、乳房切除和腎衰竭……等種種病痛，但是在這種生不如死、每天洗腎的日子中，她仍然保持堅強的態度，不屈不撓，而且每天持續寫作，一直到她六十九歲過世為止。

歐瑪曾經在一個演講場合中分享自己的人生觀點：「我要告訴所有人，我之所以可以站在台上的原因，不是因為我的成就，而是因為我的失敗。但是我總是告訴自己：『我不是一個失敗者，我只是沒有把某件事情做好。』這兩者中間有很大的差別。我曾經埋葬過孩子、失去父母、罹患絕症，但是我以正面的態度去面對所有的事情——這也是我賴以維生的秘訣。」

很多時候，我們爲了壞事而感到沮喪，是因爲我們把慘況無限上綱，把痛苦的時間不斷延長。

只不過是一個不幸的單一事件，我們卻會把它想成「我的命不好」，偶爾一次挫折，我們也會將它擴大爲「前途盡毀」。

別人否定的，或許只是我們目前的工作能力，但是，我們卻因此否定了自己的未來。別人批評的，也許只是我們某方面的性格，但是，我們卻因此看輕自己的整個人。

爲什麼不試著把失敗視爲一個短暫的事件，而非延續一生的慘痛災難呢？

所謂「正面思考」並不是要求你在傷心絕望之際，還要努力擺出樂觀開朗的姿態。有時候，你只需要把困境視爲一種暫時的情況，阻止自己的負面情緒繼續蔓延，就已經是幫了自己一個大忙。

是的，你失敗了，你的確犯了一個無可彌補的錯誤，但是你不會永遠失敗。是的，情況眞的很糟，你的人生被搞得一場糊塗，但是，要知道，再糟糕的情況也總有一天會過去的。

人生有太多的可能，遭遇挫敗時，請記住，除了你自己以外，沒有人可以鐵口直斷論定你是個失敗者。

你想過什麼日子，問題並不在於外在環境，而在於內在心境。如果你的心境是「地獄」，即便身處「天堂」，你過的仍然是地獄般的生活；假如，你的心境是「天堂」，就算你身處「地獄」，依然可以笑著過天堂般的日子。

PART—1 看不見明天，就專心過好今天

既然未來無法預測，與其患得患失，不如瀟灑地忘懷得失。不要問「值不值得」，只要問自己能不能把它做到最好。

PART—2

日子再辛苦，也要活得踏實

你的目標，值得你一直追尋；你的信念，值得你一路堅持。這兩者所帶來的快樂，值得你去細細品味。

PART—3

越失意，越沒有悲觀的權利

沒有人會想要幫助一個整天哀聲嘆氣的人，想要得到別人的幫助，你就必須先成為一個樂觀堅強、永不放棄的勇者。

PART—4

人生是調色盤，不是記分板

人生的故事不是區區幾個數字就說得完的，我們應當把生命當成繽紛的調色盤，而不是單調的計分板。

PART— 5

格局，決定一個人的結局

格局，決定了一個人的結局。我們應該要主動追求更大的格局，而非只是在自己的小世界裡稱王稱霸。

PART—6

與其終身遺憾，不如盡力改善

過去是無法改變的，能做的只有接受現在，改善未來。把該流的淚水一次宣洩而出，別讓遺憾陪你度過往後日子。

PART—7

換個角度，改變生活態度

並不是所有心願都能實現，但只要換個角度想，就會發現「壞事」說不定都是「好事」。

PART—8

盡力而為就有貢獻

當我們不得不背負時代的壓力、大環境的無奈時，「盡力而為」就成為治療自己內心遺憾的最好辦法。

PART—9

少年得志不一定是好事

年少的時候接受磨練和考驗不見得是壞事，唯有勤奮努力，厚植自己的實力，才能避免「少年得志大不幸」的遺憾。

PART—10

忘掉難過，歡樂更多

能改善的部分都盡力了之後，就該忘掉那些惱人的部分，只記住美好的部分，這才是讓生活更輕鬆自在的處世態度。

PART I

看不見明天，就專心過好今天

既然未來無法預測，與其患得患失，不如瀟灑地忘懷得失。不要問「值不值得」，只要問自己能不能把它做到最好。

不向失敗低頭，才有繼續做夢的資格

失敗，是為了要讓我們再一次下定決心、再一次堅定志向，
只有不向失敗低頭的人，才有繼續做夢的資格。

生活從來都不是輕鬆的。

生活中，最令人擔憂的是：計劃永遠趕不上變化。

而最令人慶幸的是：我們隨時都能再製造一套新的計劃。

有個叫做查爾斯．戴洛（Charles．Darrow）的年輕人，從小就立志要成為百萬富翁。那個年代的一百萬美元，相當於今天的好幾千萬美元。你一定以為他是

在做夢吧！

查爾斯一個人做白日夢還不夠，他還向新婚妻子發下豪語，他們一定能夠成為百萬富翁！

想不到，才結婚沒多久，這對夫妻就碰上了一九二九年的美國經濟大蕭條，夫妻倆相繼失業，花光了所有的積蓄，而且連份能餬口的工作都找不到。查爾斯羞愧地向妻子提出離婚，希望她去找一個更好的人嫁，因為他顯然永遠都達不成他的目標。

這時，他的妻子對他說：「別讓你的夢想死去！我們會達成目標的！只是我們必須每天都為這個夢想投注所有的心力才行。」

他們改變以往整天躺在床上哀聲嘆氣的習慣，取而代之的，是一起討論各種可能實現夢想的計劃。

一天晚上，查爾斯靈機一動，想出一個製造玩具鈔票的點子。他和妻子一搭一唱，兩人共同發明了一種用玩具鈔票購買玩具房子、土地、建築物的遊戲，還為這個遊戲製作了紙版、卡片、骰子……等。

他們想，既然大部分人都沒有錢，也沒有工作，這個遊戲可以用來打發時間，又可以讓每個人都享受到「一擲千金」的快感，肯定會大受歡迎！

是的，這個遊戲就是你一定也玩過的「大富翁」。

查爾斯的親朋好友都很喜歡這個遊戲，於是，他與「派克兄弟玩具公司」接洽，詢問他們是否有意購買這套遊戲。

「派克兄弟」給予的答覆是：「這套遊戲很呆板、幼稚，而且要玩很久，我們沒有興趣。」

可想而知，查爾斯有多麼的失望。還好，他的妻子在一旁鼓勵他說：「一次失敗不算失敗，再多試幾次看看吧！」

查爾斯抱著一線希望，繼續去找另外一家「瓦納美克玩具公司」洽談。這家玩具公司的主管與他協議：如果要生產套遊戲，查爾斯必須自行負擔其中五千美元的費用，以降低公司所承擔的風險。

五千美元？要上哪兒去借呢？

正當查爾斯為籌措這筆費用煩惱時，「派克兄弟公司」突然又找上了查爾斯，說公司裡頭的高階主管迷上了這套遊戲，他們認為這個遊戲不但容易上手，而且變化豐富，他們願意花一百萬美元向查爾斯購買這套遊戲的專利。

就這樣，查爾斯夫婦實現了他們的夢想。

人生就是這樣，我們不一定有機會可以重來，但是我們永遠都可以鼓勵自己再試一次。

當查爾斯丟掉飯碗時，心裡一定充滿了沮喪和懊悔，「如果我從前表現得好一點就好了！」「要是我再努力一點，說不定被裁員的人就不會是我了！」

然而，這些想法並不能扭轉他的不幸遭遇。

他的道路被中斷了，他看不見他的夢想，但是，雖然看不見，目標卻還在。只是現在，他必須換條路來走了！

也許你也爲你的人生訂好了一套成功計劃，到頭來卻處處遇到阻礙，那其實是因爲，你的才能遠比你所計劃的還要更多。

在太平盛世的時候，我們只會看見自己的知識與專長。唯有大難臨頭時，我們才能發現自己的智慧與勇氣。

失敗，是爲了要讓我們再一次下定決心、再一次堅定志向、再一次鑑察自己的心，看看我們究竟有多麼想要成功！

如同《牧羊少年奇幻之旅》一書的那句名言：「當你真的很想要一樣東西時，全宇宙都會合起來幫助你。」查爾斯的故事恰巧印證了這個道理。

只有不向失敗低頭的人，才有繼續做夢的資格。否則，連想都別想！

人生有太多的可能，失敗時，別忘了，你隨時都可以換條路、換種角度，換個姿勢，勇敢地再試一次！

志向可以決定你的人生方向

大聲告訴大家你的夢想，大聲向自己宣告你的志向，你或許不能決定你的命運，但至少你可以決定你的方向。

人生有太多可能，編織夢想時，千萬不要輕易對自己說「不可能」。每個夢想都會自行找到成功的途徑，只要你相信你值得。

美國威爾遜總統從小學時期就表現出對政治濃厚的興趣與企圖心。

一天上午，威爾遜的父親發現他一直忙著在一堆小紙條上頭寫字，感到很奇怪，便問他：「你在做什麼？」

「你沒看到嗎？爸爸，我在給自己做名片啊！」威爾遜沉穩地回答。

父親隨手拿起一張做好的名片，問道：「你做名片幹什麼？」

「我想讓認識我的人都知道我的志向！」

「你的志向？」父親這才看見名片上寫著的頭銜竟然是「美國喬治亞州參議員」。父親看了看兒子，又看了看手中的名片，這個乳臭未乾的小傢伙竟是美國參議員？父親開始懷疑這究竟是什麼世界！

威爾遜看見父親皺緊眉頭的模樣，趕緊解釋說：「是的，爸爸，將來有一天，我會當上參議員的。」

「是啊……」望著兒子自信滿滿的神情，父親不得不認同威爾遜的說法。只是，他仍然覺得非常困惑：「那你為什麼不等到你當上參議員以後，再來製作你的名片呢？」

「不，爸爸，我現在就要向大家表明我的志向和決心！」威爾遜斬釘截鐵地回答說。

你想成爲什麼，你不一定會成爲什麼。

唯有你「相信」你會成爲什麼，你才眞的會成爲你所相信的。

很多男人都想成爲總經理，很多女生都想成爲大明星，但是有多少人膽敢把自己的願望公諸於世，讓每個親朋好友都知道你的志向呢？

不敢，是因爲連你自己都不信！

發現了嗎？我們「想要」的，和我們「相信」的，其實是兩回事。

連我們自己都懷疑自己了，別人當然更有理由看輕我們。

很多人不相信自己，是出於自卑的心理：「像我這種人，怎麼可能會成功？」「那種好事怎麼可能會落在我身上？」他們連想都不敢想！

要治癒這種自卑心態沒有別的方式，就只有拿出信心來面對而已。大聲告訴大家你的夢想，不必在乎別人會如何嘲笑你的不自量力。大聲向自己宣告你的志向，你或許不能決定你的命運，但至少你可以決定你的方向。

當你相信你會成爲什麼，你自然會找到各種通往目標的方法。

要是空有志向卻欠缺行動，那是在自己騙自己，不是眞的相信。

肯定自己的努力，也接受眼前的際遇

也許你也正被命運捉弄得昏頭轉向，也許你曾經遭受了無數次拒絕，但是，從今天起，你也可以擁有一個不一樣的人生。

人生有太多的可能，失意時，更要牢牢地抓緊希望不放。這份希望，不是來自於外在的環境，而是存乎我們自己的心。

一對父子一起到河濱公園觀看遊客們騎腳踏車。看著一輛輛腳踏車悠閒輕快地從眼前滑過去，十歲的兒子臉上寫滿了羨慕。

那個年紀的孩子，多半都會夢想著要擁有一輛屬於自己的腳踏車吧！可以騎著腳踏車和同學們一起出去玩，也可以和同學們一起研究腳踏車的功能與特技。少了腳踏車，似乎也少了一個同儕之間相互交流的話題。

父親看見兒子的表情，不禁無奈地嘆了一口氣，輕拍兒子的肩膀說：「過去半年，我很努力找工作，可惜始終沒有人肯用我。」

兒子回頭望著父親，他知道父親這半年來經歷了多少滄桑，遭受了多少拒絕。父親接著說：「但是，從今天起，我會更積極、更努力，我一定要找到一份工作，領了薪水以後，買一輛最新最亮的腳踏車給你。」

兒子笑了，笑得很滿足，他攬住爸爸的頸項，開心地說：「你能陪我來看人家騎腳踏車，已經很好了，我有沒有腳踏車其實一點也不重要。」

冬日的夕陽下，他們是世界上最幸福的一對父子。

我很欣賞這位父親，中年失業，而且找不到工作，對許多人來說，應該是一件羞恥、不光彩的事情，但是這名父親卻勇敢地在孩子面前承認，「我很努力找工作，可是沒有人肯用我。」

他沒有用自我膨脹的僞裝來掩飾自己的軟弱，也沒有用自憐的心態來批判社會的不公，而是用坦然的態度來面對人生中的挫折。

他肯定自己的努力，也接受自己的際遇。

試問有多少人能夠如此心平氣和地說：「我很努力，但是我的能力眞的不如其他人」或是：「我盡力了，但是我還是無法將事情完成」……？

能夠做到這一點，其實已經算是跨出了成功的第一步，起碼我們還有最基本的自知之明。

這個父親的下一句話更加令人感動，他說：「從今天起，我會更積極、更努力，一定要找到工作！」

他明知道他從前已經夠努力了，但是，他卻認爲自己還可以再更努力。

當命運很刻薄地對待他時，他沒有指著老天問：「我已經這麼努力了，難道還不夠嗎？爲什麼要這麼對我？」

他反而認命地低下頭來，要求自己：「既然我那麼努力還不夠，那麼我就再加倍努力。」

在失去工作、失去金錢，甚至連機會也失去的時候，這名父親始終牢牢地抓住了「希望」。就是這份希望，給了他和他的家人無比的滿足。

而且，這個父親並非光說不練，他還立下了承諾：「從今天起」。他不願讓自己多浪費一天時間沮喪，也不願讓兒子多花一天時間等待。從今天起，就從今天起！

也許你也正被命運捉弄得昏頭轉向，也許你也曾經遭受了無數次的拒絕，但是，從今天起，你也可以擁有一個不一樣的人生，你也可以選擇一種更努力、更積極的生活方式，只要你不放棄那台夢想的腳踏車。

不改變，就無法突破侷限

人必須秉持著「願意改變」的態度，才不至於被自己的性格與習慣侷限。沒有改變，就不可能會有突破。

許多年輕人都感嘆自己入錯行業，然而，對一個成功者來說，不管進到哪一個行業，都仍然會是領先群雄的佼佼者，因爲，成功的先決條件不在於能力，而在於態度。

關於工作的正確態度，有位電腦公司總經理有一套見解。

她認為，現代人都希望自己可以「Work Smart」（聰明地工作），做出最機伶、最傑出、最能幹的表現。但是，「Work Smart」其實只是表象，如果想要讓別人肯定你「Work Smart」，就必須要先下工夫「Work Hard」（認真地工作）。

她原本是個沉默寡言的人，在團隊合作中，總是比較喜歡扮演傾聽的角色，而不積極爭取發言的機會。

剛出社會工作的第一年，她的老闆對她說：「我知道妳很努力工作，但是我覺得妳對公司沒有貢獻。」

這句話重重地傷了她的心。

為了彌補自己性格上的不足，她開始去上一些有關公眾演說技巧的課程，並且努力克服「不敢表達意見」的惡習，後來，她果真以出色的工作表現證明了自己的能力。

我們經常都會羨慕一些「Work Smart」，花最少功夫做出最好成績的人，也會感嘆自己爲什麼不是那樣的人。

很多人都試圖用加倍的認眞來彌補自己性格不夠圓滑、反應不夠機伶……等缺點，但令人洩氣的是，如果你的表面功夫做得不夠好，又怎麼會有人注意到你的默默努力呢？

比做事更難的，是做人；比努力更難的，是改變。

與其感嘆自己天生不是愛表現、善於搶鋒頭的料，不如虛心去學習人際相處的技巧，改造自己的個性。

當你看到一些實力不如你，卻因爲懂得「Work Smart」而爬得比你高的人，不要只是酸溜溜地說：「我不是那種人！」把這句話當成拒絕改變的藉口。

相反的，我們應該要告訴自己：雖然我沒有他那種與生俱來的圓滑性格，但是我可以學！一個人必須秉持著「願意改變」的態度，才不至於被自己的性格與習慣侷限。

人生有太多的可能，面臨瓶頸時，沒有改變，就不可能會有突破。改變自己的性格，從來不是一件容易的事，但也從來不是一件不可能的事。

把自己放在最適當的位置上

如果你老是遭遇挫折，如果你的人生遭受了太多的不如意，
那會不會是因為，你一直沒有把自己放在最適當的位置上？

人生有太多的可能，即使被三振時，也不能否定自己的優點與才能。
你的優點，或許很微小不起眼，但那可不是人人都能夠擁有的！

一個小男孩在後院裡練習打棒球。

他大聲地對自己說：「我是一個最好的打擊手！」然後用一隻手把球拋向空中，用力揮棒。

結果，揮棒落空。

小男孩再接再厲，信心十足地對自己說：「我是一個最好的打擊手！」

他拋出球，努力地朝目標揮棒。

可惜，這次仍然差了一點點。

第三次，小男孩依舊不死心，以同樣高昂的士氣大聲喊著：「我是一個最好的打擊手！」

但是，他的棒子還是沒有碰到球。

此時，小男孩丟下球棒，高舉雙手，對著天空興奮地喊道：「太好了！我是一個最好的投手！」

如果你老是遭遇挫折，如果你的人生遭受了太多的不如意，那會不會是因爲，你一直沒有把自己放在最適當的位置上？

我們都知道做人要適性發展，但是卻很少人願意承認，自己其實適合當工友勝過於當老闆。

設定自己的人生目標時，很少人會以自己的能力、興趣作爲主要考量，通常會優先考慮到世俗的價値，以及別人的眼光。如此一來，反而埋沒了眞正的才幹與潛能。

每個人都想要在運動場上風光地擊出全壘打，但是，每個人與生俱來的天賦與才能都是不同的。

做不成出色的打擊手，你或許會是個優秀的投手。不當投手，你也可以做個好的體育記者、球賽播報員，或是安分地做個好觀衆。

人生最眞實的快樂，不在於你爬到了哪個位置，而在於你是否能怡然自在地待在自己現在所處的位置上。

與其做個鬱鬱不得志的球員，不如做個稱職超水準的觀衆。

看不見明天，就專心過好今天

既然未來無法預測，與其患得患失，不如瀟灑地忘懷得失。
不要問「值不值得」，只要問自己能不能把它做到最好。

某位政治家說過一句名言：「誰是生活的遲到者，生活就會懲罰誰。」即使我們沒有籌碼去爲夢想奮鬥，也要盡力去爲每一天的生活負責。人生有太多的可能，看不見明天時，就專心地過好今天吧！認眞生活的人，終將得到最好的報酬。

美國前總統雷根在上海復旦大學演講時，有個大學生問他說：「你在大學唸書時，有沒有想過自己有一天要成為美國總統？」

雷根低頭想了想，回憶著大學時代的自己，接著，微微一笑說：「如果我沒記錯的話，當時我正在唸經濟學，而且還是個超級球迷。我畢業那年，美國大學生有四分之一都失業了，別說當總統，當時能找到隨便一份可以餬口的工作對我來說都已是莫大的恩寵。不久，我找到了一份播報體育新聞的工作，後來，我又去當演員。」

說到這裡，雷根板起臉孔，態度認真地繼續說：「雖然我當時沒想過要當美國總統，不過，我能當上總統，還真是靠了那段時期所累積的經驗。我大學讀的是經濟學，所以我很會算帳，我當過播報員，所以練就出一副好口才，而在好萊塢的歷練讓我學會了演戲，我想這些就是我之所以能夠成為美國總統的原因吧！」

雖然常言道：「有夢最美，希望相隨。」但是對某些人而言，連夢想都算是一種奢侈。

大部分人在大部分時候，都是活在一種前途茫茫、未知的恐懼裡。

一位藝人向上班族朋友抱怨說：「幹我們這一行的，雖然酬勞很高，但是卻一點保障也沒有，不管你現在多麼受歡迎，你都無法預測自己的明天會怎樣。」

那位朋友回答得很妙，反問道：「你以為我們上班族就能夠知道自己的明天會怎樣嗎？」

的確，不管生長在什麼樣的時代，無論爬到了多高的地位，有誰能夠確實地預測到自己的未來呢？

未來永遠都是說不準的。因此，我們唯一能把握的，只有現在。

既然未來無法預測，也不能計算，那麼，與其患得患失，不如瀟灑地忘懷得失。在做每一件事的時候，不要問「值不值得」，只要問自己能不能把它做到最好。

在面對每一種際遇時，不要問自己可以從中得到多少好處，只要用心去品味生命的各種層次就好。

你可以生氣，也可以為自己爭口氣

不幸的事情發生了，與其臨陣脫逃，不如盡力而為。你可以浪費時間生自己的氣，也可以把握時間為自己爭一口氣。

人生有太多的可能，諸事不順時，便是你展現卓越實力的時候。既然無法讓人見識到你最完美的一面，那麼，就試著展現出你最堅強的一面吧！

世界著名的小提琴家歐爾·布里，在巴黎的一次音樂會演奏到一半時，小提琴的弦突然斷了！台下的觀眾一片譁然，但是他仍然鎮定地用剩餘三根弦將整首曲子演奏完畢，贏得全場觀眾熱烈的掌聲。

無獨有偶，天才小提琴家帕格尼尼也曾經歷過類似的遭遇。一次演奏會中，他從後台走出來，站在聚光燈下準備開始演奏時，發現拿錯琴了，手中這把小提琴，並不是他平日珍愛的那把貴重的上等提琴。

帕格尼尼在台上發呆了一會兒，為了觀眾的福祉，他決定告訴觀眾他拿錯了琴，並迅速地退到後台換琴。

豈知，當他回到放琴的地方，這才發現，他並沒有拿錯琴，是有人將他的小提琴掉包了！不知道是誰偷走了他的貴重提琴，故意在原處留下一把廉價的小提琴掩人耳目。

帕格尼尼沮喪地嘆了一口氣，拿著廉價的小提琴回到台上，對觀眾說：「今天我要證明給諸位看：音樂並不是在樂器裡，而是在人心裡。」

他用心地演奏，果真從那把廉價的小提琴拉出了完美幽揚的音樂。

可見，越是惡劣的環境，越能突顯一個人的實力。

你一定遇過這樣的狀況，你悉心準備了老半天，到了緊要關頭，才發現自己的衣服穿錯了、演講稿忘了帶、筆電沒電了、前面的交通路段又在大塞車……這個時候，你是會大嘆自己「眞倒楣」，還是會打起精神來，在最糟糕的情況下努力做出最好的表現呢？

或許你會說：「在這種克難的情況下，還能有什麼好表現？」

這點我絕對贊同！我相信，帕格尼尼用破舊小提琴演奏出來的樂曲固然動聽，但絕對達不到他平時的高水準。

然而，那已經是他當時能做的最好的選擇了，你說是嗎？

我們都希望讓人看到自己最完美的一面，誰也不願意在還沒有準備好的情況下勉強上陣。但是，倘若不幸的事情眞的發生了，與其臨陣脫逃，不如盡力而爲。你可以把不順遂的遭遇當成是老天爺在捉弄你，也可以把它視爲一個證明自己的好機會。

你可以浪費時間生自己的氣，也可以把握時間爲自己爭一口氣。

成功不光靠念力，還要不斷累積實力

真正的信心只有在無數次失敗的試煉下才能顯現出來。失敗看似將你擊退，其實它是在教你如何用正確的方式前進。

人生有太多的可能，面對挑戰時，不要去要求最完美的結果，只要盡力去做出最完美的表現。

唯有拋開「一次就成功」的念頭，你才有可能會成功很多次。

有位陶藝老師曾經做過一個實驗：

他把班上的同學分為兩組，一組同學必須在一定時間內，盡可能做出最多的作品，評分標準將以數量為依據。另外一組同學則必須在相同時間內盡力打造出一個最好的作品，評分標準以作品的品質為主。

限定的時間到了，學生們各自交出他們的作品，結果你猜怎麼著？

在所有作品當中，品質最高的，居然是由「數量組」學生做出來的！

當他們匆匆忙忙地製作一大堆作品之時，無意間也「順便」捏出了一個最完美的。這可能是在連續做了一百個不完美的作品之後，才意外做出了一個完美無瑕疵的。

而「品質組」的學生從頭到尾只需要做一個，他們一開始就把標定在高不可攀的完美理論之上，缺乏失敗的經驗，自然也不知道如何改進。

雖然很多人都知道，企圖一次就成功是很不切實際的想法，但是卻仍然有很多人會暗自祈禱：最好一次就能成功！

這豈不是很矛盾嗎？我們都希望成功，但是人生難免都會失敗。不光只是「難免」，人生根本不可能沒有失敗。

如果你從來沒有失敗過，那或許是因為你沒有真正在前進。與其追求完美、追求卓越、追求第一，不如追求進步、追求經歷、追求創新。

成功是意外，是辛苦耕耘之後的獎賞，失敗不但是預料中的事，也是人生必經的過程，更加是天上掉下來的超級禮物。

許多所謂的成功專家都會告訴你：「你只要一直想著你會成功，最後你就真的會成功！」你要不要用這個方法試著隔空移動桌上的水杯，或是把整棟大樓變不見？

成功不能光靠念力，還得要有實力才行！

「信心」和「得失心」只有一線之隔。希冀「這次一定會成功」，這是得失心作祟。真正的信心是：「我一定會做出最好的表現，而且我注定會是一個成功者，不管這次的結果是好是壞，我終究還是會成功。」

記住，真正的信心只有在無數次失敗的試煉下才能顯現出來。

失敗看似將你擊退，其實它是在教你如何用正確的方式前進。

遇到壞事情，要調整自己的心情

當壞事發生時，我們第一個要做的，不是去搞清楚那究竟有多壞，而是要調整我們的心情，選擇快樂的那一邊。

心理學家發現，世界上沒有所謂「通往快樂的道路」（the way to happiness），因爲快樂本身就是道路（happiness is the way）。

當壞事發生時，我們第一個要做的，不是去搞清楚那究竟有多壞，而是要調整我們的心情，選擇快樂的那一邊。

反正做都做了，錯都錯了，我們隨時都有可能會失去任何東西，唯一不會失去的，是我們對生命的熱誠，那是我們自己可以控制的。

有個餐廳經理，每天在油煙滿天飛的餐廳招呼客人、處理客人的抱怨、教訓不盡責的員工……工作內容繁瑣又沉重，但他卻不曾有過一絲怨言，總是笑臉迎人。

有人問他說：「你為什麼總是那麼開朗呢？」

餐廳經理回答：「每天早上醒來，我都會告訴自己，你今天有兩個選擇：你可以選擇心情愉快的過一天，或是心情惡劣的過一天。而我總是選擇要愉快地過一天。」

「嗯，這個道理我也懂，但做起來並不容易！」

「不，它就是這麼容易！」餐廳經理肯定地說：「別想那麼多，直接去做選擇就對了。很多人明知道自己該選擇哪一邊，卻遲遲不敢下定決心做出選擇，所以他們才會活得這麼不快樂。」

這個餐廳經理的樂觀態度，不僅感染了他身邊的人，同時也在危難的時刻救了他一命。

有一回，餐廳在深夜結帳時遭到了歹徒闖入，歹徒朝餐廳經理的腹部開了一槍。他奄奄一息，被緊急送往醫院急救。

事後，有人問他：「這段路程當中，你在想些什麼呢？」

他說：「我想，我有兩個選擇，選擇生或選擇死。我選擇活下去。」

當醫生護士問他有沒有對什麼東西過敏時，他深吸一口氣，用盡全身的力氣大聲回答：「有！」

「你對什麼過敏？」

「對子彈！」

他的開朗態度激發起醫療團隊想要救活他的決心，他們把他當成一個活人一樣全力搶救，而不是把他視為一個垂死邊緣的病人。

六個月以後，餐廳經理又回到了餐廳裡，像是什麼事都沒發生過一樣，他看起來甚至比以前更開心了，儘管那次意外令他失去了半個胃。

除非你願意，否則沒有人可以「讓你」不快樂。

除非你容許，否則沒有任何事情可以奪走你心中的喜樂。

一個成功的人，未必有什麼偉大的成就，他只是從失敗中走出來時，仍未失去他的熱誠與快樂。

人生有太多的可能，在做任何選擇時，切記要選擇快樂的那一邊。只要時刻保持一顆熱誠的心，你就可以做出許多原本可能做不到的事。

PART 2

日子再辛苦，
也要活得踏實

你的目標，值得你一直追尋；你的信念，值得你一路堅持。這兩者所帶來的快樂，值得你去細細品味。

願意面對，就有更多機會

一旦你害怕失敗，你就很容易被失敗打敗。但是，只要你願意面對自己的恐懼，做你害怕的事，你就會看見不一樣的結果。

蕭伯納曾經說過：「我年輕時所做的事，十之八九是失敗的；但我不甘於失敗，於是便十倍的努力。」

失敗並不可怕，但若「甘於失敗」，這個人便很難成功。

人生有太多的可能，別人或許可以預測、安排你的未來，但是只有你自己才握有最終的決定權。

我們的人生不可能一瞬間就反敗爲勝，但是，只要每天進步一點點，就已經可以算是「成功」。

一九二〇年，美國田納西州有一個叫做葛麗絲的小女孩，因為是私生女的關係，從小受盡了鄰居的侮辱與歧視。

只要她不小心犯錯，大人們總會說：「妳沒有父親，難怪會這樣！」

葛麗絲在責罵與批評的聲音中成長，自然也長成了一個古怪輕挑、專惹麻煩的小女孩。每天最常圍繞在她耳邊的一句話，就是：「妳是誰家的孩子？怎麼這麼沒有教養！」

十三歲那年的某一天，鎮上來了一位新牧師，吸引了許多鎮民來到教堂，葛麗絲也跟在人群後面湊熱鬧。她坐在最後一排，不想讓任何人發現她，因為她知道，大家都討厭她。

然而，聚會結束時，牧師卻徑直地走到她面前，當著所有人的面大聲地對她說：「妳是誰家的孩子？」

又來了！她不知道又做錯什麼事了！

這是葛麗絲最怕被問到的一個問題，正當她準備好要挨罵的時候，牧師卻慈祥地繼續說：「我知道了，妳是上帝的孩子。這裡的人都和妳一樣，都是上帝的孩子！他們並不比妳好，也不比妳糟，因為，過去不等於未來，不管一個人的過去是多麼的不幸，那都不重要，重要的是，妳必須現在就做出決定，做一個妳想做的人。」

這番話洗刷了葛麗絲長年以來的罪咎感與自卑感，也讓她學習用一個新的眼光來看自己。

四十歲那年，葛麗絲當選為田納西州州長。卸任之後，她棄政從商，成為一家知名企業的總裁。

到了她六十七那年，她出版了一本回憶錄《攀越巔峰》。打開封面，扉頁的第一句話就寫道：過去不等於未來！

別人總是會因你過去做的事情來評價你，但是，不管別人怎麼說，只有你自己才可以決定你的未來。

當事情糟糕到一個地步時，我們總不免會覺得：「完了！沒希望了！我的人生已經毀了！」

但其實，好戲還在後頭呢！

如果你老是認爲自己做不到、做不好，那就更要努力去做，從失敗中汲取教訓，直到獲得成功的經驗爲止。這是建立自信最有效的方法。

一旦你害怕失敗，你就很容易被失敗打敗。但是，只要你願意面對自己的恐懼，做你害怕的事，你就會看見不一樣的結果。

也許不管你多麼用心地挑戰、嘗試，你還是做得沒有別人那麼好，但是，至少你已經比從前的自己還要好很多了，不是嗎？

先肯定自己，別人才會肯定你

許多成功者未必有顯赫的家世、出色的外表、特殊的才能，但是他們都不約而同地散發著自信的光彩。

人生有太多的可能，自信心低落時，那就降低對自己的要求，好好數算一下自己的優點吧！

如果一個人不能接受自己的特質，他根本不可能知道要怎樣去過一個豐富的人生。接受自己，是成功的開始，也是快樂的起點。

有一個年輕人為了賺錢謀生，隻身一人離開家鄉，來到大城市裡。

他找到父親的一個朋友，想請他為自己介紹一份能餬口的工作。

父親的朋友問他說：「你會什麼呢？」

年輕人搖搖頭，他實在想不出來自己究竟有什麼才能。

父親的朋友接著問：「你會做菜嗎？有廚藝嗎？」

「沒有。」

「那你懂會計，會作帳嗎？」

「不懂。」

「法律？法律你行嗎？」

「不行。」

「這樣啊，」父親的朋友面露為難的神色：「那你把你的地址給我，我找到適合你的工作再通知你。」

「可是……我還沒有找到住的地方。」年輕人想到自己連一個像樣的地址都沒有，不禁羞愧得面紅耳赤。

「好吧，你在紙上寫上你的名字，我幫你找個地方安頓下來。」

年輕人接過紙筆，在紙上寫下了自己的名字。父親的朋友看了之後，很高興地說：「你的字很漂亮啊！你能寫出這麼漂亮的字，將來一定會很有成就，可別把自己侷限於一份僅能餬口的工作啊！」

年輕人感到受寵若驚，懷疑地問：「字寫得漂亮，也算是優點嗎？」

「當然算啊！這可不是每個人都能做到的呢！」

經長輩這麼一說，年輕人彷彿找到了些許的自信。他試著放大每個不起眼的優點，並且儘量發揮自己的長才，後來果真取得了一番成就。

他就是十七世紀著名的法國作家，大仲馬。

每一個人都有優點，而我們所要學習的，就是不去羨慕別人的優點，並且滿足於自己的優點。

相信你一定也發現了，成功總是屬於那些特別有自信的人。

許多成功者未必有顯赫的家世、出色的外表、特殊的才能，但是他們都不約而同地散發著自信的光彩。

正是因爲他們先相信自己，所以別人才會相信他們。

自信來自於對自己的肯定，而非與別人之間的較勁。

我們經常因爲別人的優點而感到自卑，因爲比不上別人而否定自己，其實，這都是因爲我們的眼光太過狹隘的緣故。

如果別人具備了某些我們所沒有的長處，那麼，我們一定也具備了一些別人所缺乏的特質。

如同大仲馬父親的朋友說的那句話：「字寫得漂亮，這可不是每個人都能做到的呢！」

當我們學會去欣賞自己身上一些不起眼的優點，我們便會更喜歡自己，也懂得去尊重自己與別人之間的差異性。

日子再辛苦，也要活得踏實

你的目標，值得你一直追尋；你的信念，值得你一路堅持。
這兩者所帶來的快樂，值得你去細細品味。

人生有太多的可能，覺得不公平的時候，一定要記住：你已經擁有了三樣免費的禮物，不管你今天生活在怎麼樣的景況裡，只要善用它們，你就一定能夠爲自己開創一個更好的明天。

二〇〇三年，《基督教科學箴言報》的編輯部收到一封從加州塞爾西孤兒院輾轉寄來的信。

一名叫做湯姆的孩子在信上這麼寫道：上帝，您知道我是個聽話的孩子，可是，您昨天給了瑪麗一個爸爸、一個媽媽，卻連一個姨媽都不給我！這實在太不公平了！

報社的編輯邦尼先生看了這封信，很想告訴小湯姆：「親愛的湯姆，上帝是公平的，只要你繼續做個聽話的孩子，上帝明天就會給你一個爸爸、一個媽媽作為獎勵。」

但是，他知道，這不是上帝的作風。

經過深思熟慮，邦尼先生以上帝的名義回了一封信給小湯姆：

親愛的湯姆：

我不期望你現在就讀懂這封信，不過我還是想要告訴你，上帝永遠是公平的。假若你認為我沒有給你爸爸、媽媽，就是我的不公平，這實在讓我感到遺憾。我想告訴你，我的公平在於免費地向人類提供了三樣東西：生命、信念和目標。

你從來沒有看過任何人為他的生命支付過一分錢，對吧！你們每個人的生命都是白白得到的。

信念、目標與生命一樣，也是我免費提供的。

不論你生活在世界的哪一個角落，不論你是富貴還是貧窮，只要你想擁有它們，我就隨時讓你們據為己有。

孩子，讓每一個人都能公平且免費的擁有生命、信念和目標，就是我身為上帝最大的智慧。

但願有一天，你能理解。

這封信後來被登在《基督教科學箴言報》上，人們說，這是「上帝最公平的一次獨白」。

每一個人擁有的東西都不一樣，但一樣的是：每一個人都是獨特的。

每一個人經歷的遭遇都不一樣，但一樣的是：每一個人都有屬於自己的目標和煩惱。

上帝是很公平的，如果一個人擁有財富卻沒有目標，那麼，他得到只會是空虛而已。

但若一個人擁有目標卻沒有財富，雖然辛苦，卻可以活得很踏實。

也許別人得到了你想得到的東西，但是沒有人可以奪走你的夢想。

別人可以搶走你的工作，爬到比你夢寐以求的職位，但是沒有人可以阻止你成爲一個更有競爭力的人才。

別人可以搶走你的女朋友，可以破壞你的好事，但是沒有人可以阻止你成爲一個好丈夫、好伴侶。

你的目標，值得你一直追尋；你的信念，值得你一路堅持。這兩者所帶來的快樂，值得你去細細品味。

眞正的幸福，不是來自於外在的收穫，而是來自於心中的盼望。

放棄只會更糟，不會更好

沒有一件事情比「放棄」更加容易，然而，一旦放棄之後，事情就真的只會變得更糟，不會變得更好。

人生有太多的可能，遭遇風暴時，努力總比不努力要好。

也許你沒有辦法做出最佳表現，但是你至少可以時時保持著最佳戰鬥力。人活著，靠的無非就是那口氣。

一個經驗老到的船長帶著大批水手出海捕魚。途中，他們遇到了暴風雨。天空像沒有蓋子一樣，大雨如瀑布般毫不留情地打在船身上。

老船長航行大海多年，從未見過如此狂暴的風雨，暗自祈禱：「希望上帝不會一個人去避雨才好！」

走上甲板，船長召集船上所有人員，鎮定地對大夥說：「小子們，你們跟著我也有好些年，現在，考驗你們的時候到了！以前你們遭遇過的，只能算是小風小浪，這次，你們將見識到什麼是真正的風暴。你們要拿出所有的勇氣和力量，讓大海看看，什麼是真正的水手！」

船長一聲令下，大夥各就各位，信心滿滿地準備要與大海對抗。

不久，一名水手匆匆忙忙地跑來找船長，說道：「不好了，船艙進水了！」這意味著，船快要沉了！

船長沒有驚動大家，只默默地帶著兩名助手下到船艙，設法堵住缺口。之後，船長巡視全船，向船上的每一個人說：「守住自己的崗位，暴風雨總會過去的！」

船長說得沒錯，暴風雨總會過去的，而我們所要負責的，就是勇敢地撐到那個時候！

人生難免會遭遇風暴，伴隨風暴而來的，是對未來的徬徨與恐懼。

在風暴來臨的當下，我們都不知道自己能不能夠順利地度過這一關，我們也不知道自己究竟能撐多久。

與其陷在焦慮不安的情緒中患得患失，不如放手一搏，拿出所有的勇氣和力量，讓打擊你的人看看，什麼是眞正的高手！讓傷害你的人知道，什麼叫做眞正的勇士！

沒有一件事情比「放棄」更加容易，然而，一旦放棄之後，事情就眞的只會變得更糟，不會變得更好。堅持下去，也許仍然看不見希望，但起碼，你不會遺憾，也不至於絕望。

堅持並不難，只要繼續做你該做的事情就行了。難的是，你必須棄絕腦海中一些「再努力也沒有用」、「這麼做只會白費力氣」……等負面想法。這些想法除了使你灰心沮喪之外，一點作用也沒有。

別讓別人的想法決定你的做法

企圖得到別人完全的肯定，是完全不可能的事情。想要利用別人的肯定來肯定自己，更是跟自己過不去。

美國自然主義作家愛默生有句名言：「為什麼我的感覺必須取決於別人腦海中的想法？」

這是很無奈的一個事實。我們總是把自己的價值建立在別人的認同之上，然而，不管我們多麼努力，我們都不可能時時刻刻取悅別人，所以我們經常會因爲別人的想法而感到難過。

別以爲我們之所以無法贏得別人的認同，是因爲我們「不夠好」。實際上，就算是最傑出的人才，也仍不能免於不被相信的痛苦。

愛因斯坦是帶有猶太血統的德國人，當他發表震驚科學界的「相對論」時，據說全世界只有十二個人聽得懂他在說些什麼。

有一天，愛因斯坦的表姊終於忍不住問他：「你真的相信你說的那堆原理是真的嗎？」

「我當然相信是真的啊。」愛因斯坦回答。

「但是為什麼人們都不相信你，他們都說你瘋了呢？」

「嗯，這就要從兩方面來看了。有些人不相信我，是因為他們聽不懂我的理論；而有一些人『假裝』不相信我，是因為他們妒嫉我的才能。」

「那你要怎麼知道他們是真的不相信你，還是假裝不相信你呢？」

「這可能要等到我死了以後才會知道。」

老婦人聽了，更加懷疑愛因斯坦真的瘋了，「你在說什麼鬼話！你都已經死了，又怎麼知道人們相不相信你呢？」

愛因斯坦笑著回答：「當然會知道。如果人們證實我的理論沒有錯，那麼，等我死了之後，德國人就會說我是德國人，法國人就會說我是猶太人。如果他們還是不相信我的理論，那麼，德國人就會把我歸為猶太人，法國人則會認定我是德國人。」

從愛因斯坦的一席話中，我們可以知道：如果我們的人生目標是要得到別人的肯定與認同，那將會是一件我們到死也無法完成的事。

別以爲你只要表現得再好一點、錢賺得再多一點、鼻子弄得再挺一點，你就可以得到別人的接納與喜愛。

其實，那只會造成你自己的壓力與失落感，別人仍然可以從你身上挑出其他的毛病，找出他們看不順眼的地方，因爲你不是他，你永遠不會知道他什麼時候會認同你，什麼時候又會不認同你。

企圖得到別人完全的肯定，是完全不可能的事情。想要利用別人的肯定來肯定自己，更是跟自己過不去。

人生有太多的可能，不被肯定的時候，就告訴自己：「我不需要讓別人的想法來決定我的感覺。」

你不需要在意別人怎麼對待你，你要在意的是你怎麼對待別人。

別人不肯定你，你還是可以肯定他，然後你便會發現，自己又多了一項優點與福氣了！

先問自己是否盡到應盡的責任

能夠長期當個「資深小兵」而沒有光榮殉職，能夠做個「廉價勞工」而沒有被裁員，你其實已經比很多人都還要幸福了！

一項調查顯示，百分之七十的失敗者都認爲他們沒有得到自己應得的東西。這反應了兩種心態：有的失敗者認爲自己的付出與收穫不成正比，社會待他們不公平，但是他們卻沒有發現失敗總有原因。

另外一些失敗者其實已經得到了他們應得的東西，只是他們想要的更多，所以即使他們已經表現得很不錯了，他們還是認定自己是個失敗者。

你是哪一種人呢？

當你覺得自己受到不公平的待遇時，不妨思考一下，你是否也在不知不覺中落入了這兩種失敗者的錯誤心態？

失敗的人經常抬頭望著遙遠的目標嘆息，而成功的人總是低著頭認真專心地做事，沒有時間去計算那些不公平。

有個士兵對將軍抱怨：「我跟著你出生入死，東征西討，別人都已經升上校了，只有我還在當小兵！」

將軍指著他的戰馬說：「這匹馬也跟著我出生入死，東征西討，但是，牠現在還是一匹馬啊！」

成功的一大關鍵，是「敬業」。但若一個人總是抱怨自己現在所處的位置，又如何能夠做到「敬業」呢？

經常聽到一些上班族朋友抱怨說：「我每個月平均工作兩百個小時，一個月的薪水卻不到三萬塊，平均一小時的工資只有一百多塊，眞是名副其實的『廉價勞工』！」

這些人抱怨自己受到的待遇不好，但是反過來說，這已經是他們所能得到最好的待遇了，不是嗎？

如果還能有更好的待遇，爲什麼他們不趕緊換工作呢？

眞相是：「不好」的待遇未必是「不公平」的待遇。如果你不滿意你的待遇，那或許是因爲你太高估了你的能力。

與其埋怨自己只是個「資深小兵」或是「廉價勞工」，不如對自己所擁有的一切心存感激。

殊不知能夠長期當個「資深小兵」而沒有光榮殉職，能夠做個「廉價勞工」而沒有被裁員，你其實已經比很多人都還要幸福了！

同樣是月薪不到三萬塊的上班族，一個成功的上班族或許會這麼想：「我平均一個小時就領人家一百多塊錢，那我一定得善用這一個小時好好地替老闆做點事，總不能讓人家白付我薪水啊！」

也許他和你一樣，都是吃不飽、餓不死的小老百姓，但是當他這麼想的時候，他的心境已經提升了，而他的位置也勢必很快地會被提升。

人生有太多的可能，當你認爲自己沒有得到你應得的東西時，那就先反問自己：是否盡到了你應該盡的責任？

別忘了，在你的責任範圍之中，「敬業」這一項也包含在內。

就算前功盡棄，也不能輕言放棄

世上最令人心痛的事情，不是從來沒有努力過，而是努力過了，卻又前功盡棄，越是這種時候，越要戰勝自己的情緒。

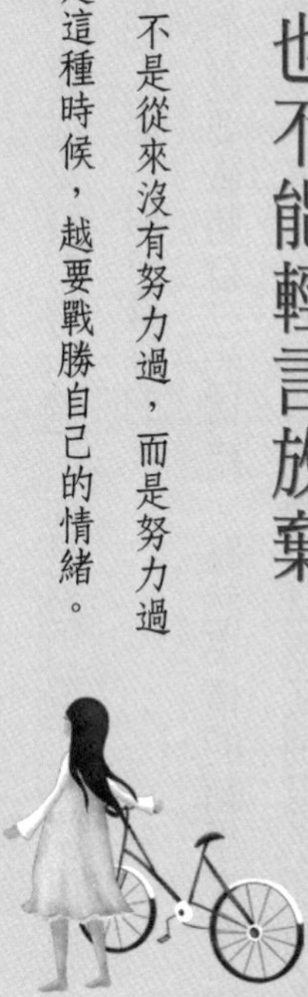

心理學家賽門．卡魯瑟斯說：「人生是一連串的結果。有時候結果是你想要的，那很好，你可以研究你做了哪些正確的事情；有時候結果不是你想要的，那也很好，你可以研究你做了哪些事情，然後不再重蹈覆轍。」

其實，結果好不好，並不重要。

重要的是，無論我們面對怎麼樣的結果，我們都要能發自內心地讚嘆說：「很好！」不讓低沉的情緒有繼續蔓延的機會，如此自然就能夠找到面對現實的勇氣與智慧。

巴拿馬運河開鑿時，總共動用了兩萬名人員，大家合力開挖了好多年，好不容易才挖出一條大溝渠。

然而，有一天，這個地區不幸發生坍方，掘出來的土石大部分又掉回了運河裡，大夥兒辛苦多年的成果，一下子化為烏有。

建築工頭立刻稟報負責監督這項工程的戈薩爾將軍：「糟了，不得了了！所有挖出來的土石都崩落了，我們現在該怎麼辦？」

只見戈薩爾將軍冷靜地說：「還能怎麼辦？再挖掘一次吧！」

世上最令人心痛的事情，不是從來沒有努力過，而是努力過了，卻又前功盡棄，那種捶心肝的感覺，是會把人逼到崩潰邊緣的。

然而，越是這種時候，我們越要戰勝自己的情緒。雖然事情的結果完全出乎預期，但是我們還是要大聲地說：「很好！」雖然我們離目標又倒退了好幾步，但是卻能夠因此而學到更多。

人生有太多的可能，前功盡棄時，你只能咬著牙認了，趕緊重新開始。不要爲了過往的辛勞白費而感到可惜，你所付出的心血，從來不會白費。時候到了，生命自然會轉換另外一種形式來補償你，而且必定是比以前更大、更豐盛的回報。

其實，你並沒那麼喜歡「紅蘿蔔」

當你把成功視為一種理想，你便什麼艱苦都能忍受，什麼環境也都能適應，因為對你而言，沒有任何事情比成功更重要。

你想成功嗎？你渴望出人頭地嗎？

毫無疑問，成功是大多數人都夢寐以求的事。至於成功的關鍵，則在於你究竟有多想成功。

人生有太多的可能，爲理想而奮鬥時，一定要先弄清楚自己想要的是什麼，並且有多麼想要。

做人不一定要出人頭地。能夠求仁得仁，不去羨慕那些出人頭地的人，這才是我們一定要的！

有個小女孩到阿姨家做客，在吃晚飯之前，阿姨特地問小女孩：「妳喜不喜歡紅蘿蔔？」

小女孩點點頭，回答：「喜歡。」

於是，阿姨做了紅蘿蔔炒蛋，沒想到，小女孩卻一口也沒吃。

阿姨奇怪地問：「妳不是說妳喜歡紅蘿蔔嗎？怎麼連一口都沒吃呢？」

小女孩吐了吐舌頭，回答說：「我是喜歡紅蘿蔔，但是我還沒有喜歡到想吃它的程度。」

我們都喜歡成功，但或許我們都還沒有喜歡到「可以爲了它把難吃的東西嚥下去」的程度。

我們都渴望成功，但或許我們都還沒有渴望到「非成功不可」的程度。

成功對大部分人來說，是個夢想，而不是理想。

這兩者之間究竟有什麼分別呢？

夢想是爲生活加分的東西，理想則是一個人存在的意義。

無法實現夢想，我們還可以換個夢來做；但若達不到理想，我們的生命便失去了光彩。

當你把成功視爲一種理想，你便什麼艱苦都能忍受，什麼環境也都能適應，因爲對你而言，沒有任何事情比成功更重要。

相反的，如果我們老是因爲外在的環境、自身的情緒、各方面的壓力而想要放棄，那或許是因爲我們並不眞的這麼喜歡紅蘿蔔。

世界上還有很多比紅蘿蔔更好吃的東西，我們也都可以有其他的選擇。

面對打擊，必須更加努力

我們不能命令別人閉上他的烏鴉嘴，也無法把自己的耳朵關上。唯一的方法，是選擇對自己說正確的話。

亞洲歌壇天后蔡依林某次得到金曲獎，在頒獎典禮上發表得獎感言的時候這麼說：「我感謝所有不看好我的人，因為你們給我的打擊很大，所以我才會一直這麼努力……」

有時候，別人的喪氣話反而可以成爲你最好的助力。

重點是，你必須選擇不聽，或是聽了但不相信，不讓負面話語的魔咒在你身上發酵，如此一來，你總有一天會讓那些不看好你的人都跌破眼鏡。

有一群青蛙比賽爬巴黎鐵塔，誰第一個爬到終點，誰就是贏家。

大夥一塊兒爬著爬著，爬到三分之一時，其中一隻青蛙首先發難：「爬了這麼久，怎麼還爬不到一半啊，我的四條腿都痠了……」

牠決定退出這場比賽。

爬到一半時，又有一隻青蛙開口抱怨：「爬了這麼久，怎麼才爬到一半啊！我看我是不可能爬到終點了！」

這隻青蛙也打算要放棄。不僅如此，連牠周圍的幾個同伴也決定要講朋友道義，陪著牠一塊兒退出比賽。

又過了沒多久，好幾隻青蛙都不約而同地喘著氣說：「不行了，不行了，太累了，我爬得那麼辛苦幹嘛呢？」

就這樣，一隻隻青蛙接而連三地退出了比賽。到了最後，只剩下一隻青蛙不顧旁人的反應，堅持到底，登上了鐵塔頂端。

當牠下來之後，所有青蛙都以欽佩的眼神看著牠，好奇牠是怎麼辦到的。大家爭先恐後地擠到牠身邊，想要和牠說幾句話，這個時候才發現，這隻得到冠軍的青蛙是個聾子，根本聽不見別人的聲音。

在我們成長的過程中，我們多多少少都領教過一些負面話語的殺傷力。

也許別人告訴你：「你長成這副德性，還想當模特兒啊！」從那之後，你便認定自己這輩子是當不成模特兒了。

也有人曾經被這麼教訓過：「考試考成這樣，將來還能有什麼出息！」這些人後來果眞沒有多大的出息！

我們的自信心，通常都是這樣一點一滴被摧毀的。

我們總是受到別人的話語影響，但是，我們不能命令別人閉上他的烏鴉嘴，也無法把自己的耳朵關上。唯一的方法，是當別人對我們說負面的話語時，我們要選擇對自己說正確的話。

要知道，別人可以爲你的人生提供一些寶貴的意見，但是他們可沒有辦法替你的人生負責。你的人生，只有你自己可以負責，當然也只有你自己才有資格替自己做選擇。

人生有太多的可能，當別人都不看好你時，你一定要更努力才行。

自己選擇的道路，通常都是最難走的，但是，這也會是一條收穫最多、遺憾最少的路。

PART 3

越失意，越沒有悲觀的權利

沒有人會想要幫助一個整天哀聲嘆氣的人，想要得到別人的幫助，你就必須先成為一個樂觀堅強、永不放棄的勇者。

多點創意，才能借力使力

只要你的腦袋裡有夠多的好點子，哪怕你的口袋裡一無所有，也一定能夠借力使力、無中生有。

日本最具權威的策略大師大前研一曾在書中提到：「如果你觀察當前幾個極為富有的國家，如瑞士、新加坡、日本、南韓，你會發現它們共同的特色是土地狹小、天然資源缺乏，但卻擁有一群教育程度好、工作努力的人才。這意味著，『人』才是創造財富唯一的工具。」

若是把個人當成一個國家來看，成功的條件其實不在於優異的背景、雄厚的資源，而在於一個人的思想。

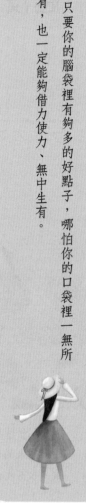

一名優秀的商人，有天告訴兒子：「我已經為你物色了一位女孩，我要你跟她結婚。」

「結婚？我還不想結婚啊！」兒子回答。

「但是我說的這位女孩可是世界首富的女兒喔！」

「哇！這樣的話……」

接著，商人透過各種關係，找了個機會去見世界首富，對他說：「我幫你的女兒介紹個好丈夫吧！」

「不用了，我女兒還不急著嫁人。」

「但是我說的這個年輕人可是世界銀行的副總裁喔！」

「哇！這樣的話……」

隔天，商人來到世界銀行，進到總裁的辦公室，對總裁說：「我想介紹一位年輕人來擔任貴銀行的副總裁。」

「不用了，我們銀行目前不缺人手。」

「但是我說的這個年輕人可是世界首富的女婿喔！」

「哇！這樣的話……」

只要你的腦袋裡有夠多的好點子，哪怕你的口袋裡一無所有，也一定能夠借力使力、無中生有。

人生有太多的可能，心有餘而力不足時，就下定決心好好地培養思考的習慣，讓自己多一點創意吧！

創意不會憑空而來，唯有經常動腦思考的人，才有可能偶然地想出一些有用的構想，只要把這些靈光乍現的想法巧妙地加以實踐，便是屬於你自己的「成功之道」。

遭到拒絕，要設法提昇自己的境界

或許現在的你真的如別人所說評價的，只有六十分，但是未來的你能夠到達什麼樣的境界，任何人都不能鐵口直斷。

沒有人喜歡被拒絕的感覺，然而，幾乎沒有一個成功者不曾受過拒絕。

就算是享譽國際、跨越時代的文壇名家，也曾經遭受過殘忍的拒絕。

人生有太多的可能，遭受拒絕時，想一想，你不會是第一個被拒絕的人，你也不會是被批評得最慘烈的人。

約瑟夫．羅德雅德．吉卜林，英國第一位榮獲諾貝爾文學獎的作家。

作品：《無題》

退稿信內容：很抱歉，我們認為您根本不知道怎麼樣使用英語寫作！

D．H．勞倫斯，英國現代小說大師。

作品：《查泰萊夫人的情人》

退稿信內容：為了大師的自身形象與利益，請勿發表這部小說。

傑克．倫敦，美國著名批判現實主義作家。

作品：《生活之法則》

退稿信內容：您的作品令人生畏，使人沮喪。

赫爾曼．麥爾維爾，美國浪漫主義小說的代表作家。

作品：《白鯨》

退稿信內容：十分遺憾，我們一致反對出版您的大作，這部小說根本不可能贏得廣大青少年讀者的青睞。您的作品又臭又長，只是徒有其名而已。

福樓拜，法國著名小說家。

作品：《包法利夫人》

退稿信內容：整部作品被一大堆過於繁瑣累贅的細節描述所淹沒。

安妮·弗蘭克，德國猶太女作家。她把自己的親身經歷寫成文字，作品被譯成三十多種文字，暢銷全球。

作品：《密室》，即《安妮的日記》。

退稿信內容：小姐，恕我直言，妳似乎缺乏一種將妳的作品提高到比「新奇」更高一個層次的能力。

弗拉迪米爾·納博科夫，美國後現代派小說家兼詩人。

作品：《洛麗泰》

退稿信內容：小說內容荒誕絕倫，與精神病人的夢境沒什麼兩樣，而且情節安排上糾纏不清。作者竟厚顏要求出版此書，我對此感到大為驚訝。我完全看不出出版這本書有何益處，我建議將這部手稿埋入地下一千年。

也許你會認爲，這些大師們之所以被退稿，是因爲出版社的編輯不識貨。但是有沒有想過，或許這些出版社編輯說的並沒有錯。這些稿件，可能眞的就像他們所描述的那麼差勁，但正因爲作家們願意接受批評，把稿子重新調整、一再修改，因此才完成了令人嘆爲觀止的驚世鉅作。

別人拒絕你，一定有他的道理，但是，別人的意見並不能代表你眞正的價值。或許現在的你眞的如別人所說評價的，只有六十分，但是未來的你能夠到達什麼樣的境界，任何人都不能鐵口直斷。

連那些被「專家」修理得體無完膚的人，最後都可以成功了，你憑什麼認定自己不會成功？

相信自己還有不同的功用

如果我們把自己侷限在單一功能中，無疑是剝奪了自己的人生樂趣。你要相信自己一定還有其他的才能、其他的用途。

成功只會帶來榮譽，失敗卻會帶來勇氣與力量。

人生其實有比成功還要更好的選擇。

一位名叫普羅夫的捷克籍法學博士，在做博士論文時發現，紐約有一所由貝納特牧師創辦的窮人學校，該校出來的畢業生犯罪率一向是全紐約最低。照理說，窮人的犯罪率應該要比富人還要高才對，為什麼這個三流學校的畢業生卻打破了這條常規呢？

普羅夫利用這個反常的現象為題材，用各種方式聯絡到了多名該校的畢業生，在六年的時間裡，他總共回收到三千七百多份問卷，其中有百分之七十四的人回答說，他們在貝納特牧師身上，知道了一枝鉛筆有多少種用途。

普羅夫對這個答案感到非常訝異。

他親自去拜訪一位該校的畢業生，如今是紐約市最大一家皮貨店的老闆，詢問他那句話的真義。

皮貨店老闆笑著說：

「是的，貝納特牧師教會我們最重要的一件事，就是一枝鉛筆到底有多少種用途，這是我們入學時第一篇作文的題目。

以前，我以為鉛筆除了用來寫字之外，沒有其他的用途。從那個時候開始，我知道鉛筆不僅能用來寫字，鉛筆削下來的木屑還可以做成裝飾畫，鉛筆的芯磨成粉以後可以作為潤滑粉，在野外遇難時，鉛筆抽掉筆芯可以當做吸管來使用，遇到壞人的時候，削尖的鉛筆也可以作為自衛的武器……。

鉛筆的用途實在太多了，更何況是我們這些有手、有腳、有腦袋的人？

我們有比鉛筆更多的用途，而且每一種用途都可以讓我們順利地活下去。我本來是個公車司機，後來失業了，但是你看，我又找到了我的另外一種用途，現在，我是一個皮貨商……」

普羅夫聽了，深受感動。這項研究一結束，他就放棄了繼續留在美國找法律相關工作的想法。

他回到他的故鄉，終於發揮了自己其他的用途。現在，他是捷克最大一家網路公司的總裁。

人生不是只有一種選擇，如同松下幸之助所說：「**路是無限寬廣。**」

我們不一定要成爲大家都想成爲的那種人，我們也不一定要和別人做一樣的夢，一枝鉛筆可以發揮不同的功能，人也是一樣。

譬如，有些人的功能是賺錢，有些人的功能是花錢，有些人的功能是爲社會提供反面教材，有些人的功能是逗人開心……很難說哪一種功能比另外一種功能更有用。

如果我們把自己侷限在單一功能中，無疑是剝奪了自己的人生樂趣。

人生有太多的可能，此路不通時，切記，你還有別條路可走。

把眼前的事情做好固然重要，但更重要的是，你要相信自己除了本身認定的功用之外，一定還有其他的才能、其他的用途，而且每一種用途都可以讓你順利活下去。

採取行動，才能發揮作用

用心地把當下該做的事做好，珍惜每一個微不足道的機會。
再好的想法也必須加上行動，才能夠發揮作用。

猶太人馬克斯出生在波蘭一個貧苦家庭，十九歲時隻身到英國碰運氣。

因為他的英語程度不好，做生意時不方便討價還價，所以突發奇想，把所有貨物清一色標價，並打出招牌：「不要問價錢，每件一便士。」希望以低廉的價格吸引顧客的目光。

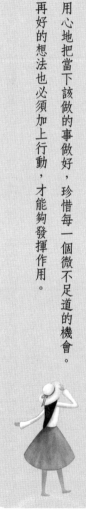

果然，很多顧客來光顧這個露天的攤位。

馬克斯的銷售原則和別人不同，別的商家總是想盡辦法把手邊的次級貨賣掉，而馬克斯總是把最好的貨色擺在最醒目的位置，然後以同樣低廉的價格出售。這種開架式的陳列方式，讓顧客在選購時享有更多的自主權，馬克斯的生意自然一天比一天更好。

兩年後，他的好朋友斯賓塞也加入這門生意，兩個共同成立「馬克斯&斯賓塞公司」（Mark & Spencer），在英國各地開設商店，成了英國最大的零售商，分店高達二六〇家，每週客流量有一四〇〇萬人次，成了英國家喻戶曉的公司。

一次，一個電視記者採訪首相柴契爾夫人，問她都上哪兒去買內衣。

柴契爾夫人想也不想，便回答說：「怎麼了？當然是去Mark & Spencer啦，人人都上那兒去買東西，不是嗎？」

「馬克斯&斯賓塞公司」成立以來，幾乎不曾花大錢去做廣告。正如一位廣告人所說的：「最有效的宣傳，就是口碑。倘若有數以百萬計的人每天在你的商店裡川流不息，你還需要做廣告嗎？」

而如今，「馬克斯&斯賓塞」的觸角已經延伸到亞洲地區，很難相信，這個享譽全球的百貨集團，竟然是從一個「每件一便士」的小攤販起家的！

馬克斯在當市場小販時，一定沒有想到自己會開創出如此龐大的事業版圖，他只是用心地把當下該做的事做好，珍惜每一個微不足道的機會。

如果那個時候的馬克斯只是坐在家裡，專心的編織百貨王國的藍圖而沒有實際的行動，勢必不會有今天的成就。

可見，再好的想法也必須加上行動，才能夠發揮作用。

行動是成功的關鍵。3M公司旗下新奇的產品層出不窮，該公司執行長卡爾頓說：「我們公司許多新產品的發明其實是無意間碰上的，但別忘記，一定要行動才能碰上。」

人生有太多的可能，憧憬未來時，不要小看現在所經手的每一件小事。

命運永遠不會虧待認真生活的人，也許下一個白手起家的富翁就是你！

想突破極限，就每天進步一點點

想要突破極限時，就下定決心，讓自己再進步百分之一吧！然後你就會發現，你其實還能做到更多更多。

人生有太多的可能，想要突破極限時，就下定決心，讓自己再進步百分之一吧！百分之一，實在很微不足道，所以你一定能夠做到。然後你就會發現，你其實還能做到更多更多。

一九八六年，美國NBA籃球賽熱熱鬧鬧開始之初，洛杉磯湖人隊隨即面對艱鉅的挑戰。

在前一年的比賽中，湖人隊本來有機會奪冠，可是在決賽時卻輸給了波士頓的凱爾特人隊，與冠軍寶座擦身而過。

當時，每一個的球員都處於巔峰狀態，大夥信心滿滿，勝利在望，沒想到如此優異的表現卻仍然不敵命運的捉弄。

幾乎所有球員都認為，自己再也不可能表現得比上一年更好了，連上一年打得那麼好都沒有辦法拿到冠軍了，今年還有什麼希望呢？

教練為了激發起球員們的鬥志，便告訴他們說：「只要每個人能夠在球技上進步百分之一，今年的湖人隊就一定能有出人意料的表現。百分之一看起來很少，但是如果上場的十二個球員每個人都進步百分之一，整個球隊就進步百分之十二了。如此一來，還有誰贏得了湖人隊呢？」

這番話令球員們重新找回了信心，大夥積極地朝「進步百分之一」的目標邁進，而且每個人都相信自己一定能夠做到。

結果，大部分的球員都進步了百分之五以上，甚至有人突飛猛進，進步了百分之五十，想當然爾，這一年球賽的冠軍，自然非湖人隊莫屬。

正因世上沒有完美，所以進步是永無休止的。

大家都有過類似的經驗，在追求進步的時候，我們常常會因爲看不到顯著的效果而產生挫敗感，進而想要放棄。

這是因爲我們把標準訂得太高的緣故。

要知道，天底下少有「進步神速」這種事，只要可以稍微進步一點點，我們所付出的心血便不算白費。

進步不怕「慢」，只怕「停」。只要每天都可以有小小的進步，長期累積下來就會有驚人的效果。

你交往的人會改變你的生活

想要更上一層樓時，就為自己打造一個可以學得到東西的環境，只要你能夠靠近成功者，你就等於靠近了成功。

環境可以造就一個人，也可以摧毀一個人。我們不能選擇自己出身的環境，但是我們可以用心爲自己營造一個樂觀積極的環境。

人生有太多的可能，想要更上一層樓時，就爲自己打造一個可以學得到東西的環境吧！

成功者會吸引成功者，只要你能夠靠近成功者，你就等於靠近了成功。

越戰時，美國最高統帥魏摩爾將軍親身來前線檢閱傘兵，一一詢問他們每個人對跳傘有什麼感受。

第一位傘兵毫不猶豫地回答：「我愛跳傘！」第二位傘兵也是滿懷熱忱地說：「我愛跳傘！跳傘是我經歷過最棒的體驗！」

魏摩爾將軍露出滿意的笑容，感到非常欣慰。

輪到第三位傘兵時，他誠實地說：「我一點都不喜歡跳傘。」

眾人聽得面面相覷，氣氛頓時急轉直下。魏摩爾將軍不解地問：「既然你不喜歡跳傘，為什麼還要選擇當傘兵呢？」

只見這名傘兵理直氣壯地說：「我希望跟這些熱愛跳傘的人在一起，因為他們可以改變我。」

如果你想要成功，那就先去和那些成功者做朋友吧。你所交往的人，將會改變你的生活。

有些人只喜歡跟不如自己的人做朋友，因爲這樣子，他就不會嚐到「處處不如人」的自卑感，反而還經常可以在朋友面前展露自己最得意的一面。

大多數人都只喜歡享受鶴立雞群的那種虛榮感，不喜歡面對一山還有一山高的挫敗感。

然而，能夠讓不如你的人願意跟你做朋友，並不是什麼了不起的事。讓比你強的人都還看得起你，願意和你相處，這才算你是你的真本事。若是你身邊到處都是比你強的人，那麼很快的，你也會變得和他們一樣優秀。

越失意，越沒有悲觀的權利

沒有人會想要幫助一個整天哀聲嘆氣的人，想要得到別人的幫助，你就必須先成為一個樂觀堅強、永不放棄的勇者。

人生有太多的可能，從雲端墜入谷底時，不要奢望別人會來幫你，先問問你自己要如何幫助自己。

失意的人，沒有悲觀的權利。

沒有人會想要幫助一個整天哀聲嘆氣的人，想要得到別人的幫助，你就必須先成爲一個樂觀堅強、永不放棄的勇者。

如果你到了泰國的曼谷，你會在街上看見許多年輕的男孩揹著一只黃色的箱子，在街上叫賣三明治。發明這種「人體行動攤販」銷售方式的，是被稱為「三明治先生」的Sirivat。

他曾經是個叱吒股海、富甲一方的億萬富翁，卻因為投資失利以及金融風暴，在轉眼間宣告破產，負債高達十億。

除了投資之外，他沒有任何特殊技能。現在沒有了錢，叫他拿什麼去投資？用什麼來賺錢呢？

為了養家活口，Sirivat和太太決定要做平時做給孩子吃的三明治來賣。

他們連個小店面、小餐車也租不起，所以只能揹著箱子，在街上叫賣。

剛開始做生意的時候，經常一整天只賣出三個，而且還得低聲下氣地拜託人家，人家才願意買。

Sirivat站在人來人往的曼谷街道上，想起不久前，自己還住著豪宅、開著名車、一轉手就可以賺進上千萬、年收入高達一億……現在居然淪落至此，不禁感到非常丟臉。

但是，他仍然硬著頭皮堅持下去。

時間久了，人們開始注意到他這個人，當他們發現這個窮到連店面都租不起的「歐吉桑」居然曾經是個億萬富翁時，立刻對他的故事感到好奇。

Sirivat怎麼想也沒有想到，他的痛處竟變成了他最有力的賣點。

泰國當地電視台、美國的CNN、英國的BBC爭相報導這個「從億萬富翁到三明治小販」的傳奇，Sirivat的三明治賣得越來越好。

如同大家所知道的，泰國是個米食主義的國家，照理說，三明治在這裡應該不會有多大的市場。

然而，Sirivat同樣發揮「缺點即優點」的精神，他認為，正因為人們很少吃三明治，所以，他要做到當人們偶爾想到要吃三明治時，第一個就想起「三明治先生」的三明治。

靠著這樣持續不懈的努力，Sirivat在短短十年之間，從負債十億進步到公司即將上市，並且立志要靠著一個三十元的三明治，從「三明治先生」變成「三明治億萬富豪」！

「三明治先生」的座右銘是「永不放棄、永不言敗」。

有記者問他說，當他宣告破產以後，面對龐大的債務，難道他不會很想要去自殺嗎？

「三明治先生」回答：「我從來沒有想過要去自殺，那是懦夫的表現。而且，就算我死了，也只會把問題丟給我身邊的人，問題仍然沒有解決，所以我很堅定地告訴自己，一定不要放棄。」

每件事情都有好的一面，如果現在放棄的話，就看不到了。

沒有人可以預測你的未來，也沒有人可以向你保證：只要不放棄，問題就可以很快地解決。

但是，如果你想要有好的結果，就要先有好的態度。

態度對了，即使這次的結果並不如意，你也會離成功越來越近。成功與失敗的差別在於：成功的人做他應該做的事，失敗的人做他喜歡做的事。

別讓你的「資產」成為負擔

人才去到哪裡都會是人才。當你願意放下驕傲，以及那些讓你引以為傲的東西時，你將會得到更多的智慧，與無限的可能。

電影《戰鬥俱樂部》（Fight Club）裡頭有一句令人深思的話：「你必須要拋棄一切，才能得到真自由。」

我們所擁有的東西，未必都是有用的資產，更多時候，它們會是我們的負擔與綑綁。

赫蒙曾被譽為世界最偉大的礦冶工程師，畢業於耶魯大學，又在德國福萊堡拿到碩士學位，之後，他回美國應徵一份工作，遇到的是一位沒有文憑，也不相信文憑的大礦主赫斯特。

這位大礦主一開口就對赫蒙說：「我不想錄用你，因為你是碩士，據我所知，你們這些讀書人腦袋裡只裝滿一大堆沒用的理論。我可不需要文謅謅的工程師！」

赫蒙聽了，沒有立即反駁大礦主的偏見。相反的，他微微一笑，對大礦主說：「如果你答應不告訴我父親的話，有個秘密我想告訴你。」

接著，赫蒙正經八百地說：「我在德國，其實什麼也沒學到，我只是在那裡鬼混了三年。」

這番話逗得大礦主哈哈大笑，決定錄用這名既幽默又謙虛的年輕人。

如果我們緊抓著自己所擁有的東西不放，很可能會什麼也得不到。

有個上市公司的老闆說：「現代年輕人很難白手起家，因為他們擁有的東西太多。他們有好的背景、好的學歷，自然會認為自己應該要待在冷氣房裡工作才對。不像我們這個時代的人，什麼也沒有，只要有錢可賺，叫我們到工地去綁鋼筋也沒問題，就是這樣這個也做，那個也做，做著做著，竟給我們闖出了一番大事業來了！」

美國的雜誌做了一項調查：研究所學歷以上的人，有百分之四十認爲自己是個「失敗者」，因爲他們覺得自己的學歷這麼高，應該要找到比現在更好的工作才對。

而高中學歷以下的，只有百分之二十七的人認爲自己很失敗。他們知道自己並不出色，只要能夠找到一份穩定的工作，他們就已經感到很滿足了。

我們所擁有的東西，如果不能讓我們活得更開心，那就暫時拋棄它吧！

人生有太多的可能，當你覺得自己大才小用時，別忘了謙卑的品格比優秀的才能更重要。人才去到哪裡都會是人才。當你願意放下你的驕傲，以及那些讓你引以爲傲的東西時，你將會得到更多的智慧，與無限的可能。

粉飾錯誤，不如做點對的事

去粉飾缺點、矯正錯誤，是一條永無止盡的道路。與其去改變那些錯的事，不如努力去做一點對的事。

愛因斯坦說過：「我承認自己的結論有九十九次是錯誤的。」然而，他終究還是成爲一個「對」的人了！如果你也和愛因斯坦一樣老是犯錯，對自己的未來毫無信心，那麼，請動腦想想下面這兩個問題。

問題一：如果你知道有個女人懷孕了，她之前已經生了八個小孩，其中三個是聾子，兩個是瞎子，一個智能不足，而這個女人本身又有梅毒，請問，你會建議她墮胎嗎？

先不要回答這個問題，請繼續思考下一個問題：

問題二：現在我們的國家要票選出一名領袖，你的這一票具有決定性的價值。以下是關於這三位候選人的一些背景資料：

候選人A：跟一位不誠實的政客有來往，遇到事情會諮詢算命師。曾發生過婚外情，煙不離手，每天至少喝八杯馬丁尼。

候選人B：過去曾經有兩次被雇主解僱的紀錄，每天睡到中午才起床，大學時曾經吸食過鴉片，而且每天傍晚都會喝上好幾杯威士忌。

候選人C：他是一位受勳的戰爭英雄，素食主義者，不抽煙，只偶爾喝一點啤酒，從來沒有發生過婚外情。

現在，請問你會把票投給這些候選人中的哪一個？

選好了嗎？現在我將告訴你一些驚人的事實。

候選人A，是美國總統羅斯福的寫照。候選人B，指的是英國首相丘吉爾。而候選人C，正是獨裁統治者希特勒。

你是否選了希特勒來領導你的國家？

回到上一個問題，你會建議那名命運悲慘的婦女墮胎嗎？

如果你的答案是肯定的，那麼我要告訴你，你殺掉的那名嬰兒正是貝多芬！那名婦女正是音樂神童貝多芬的母親。

每個人都會犯錯，而且每個人都會犯下大大小小無數的錯誤，但是，我們的人生只要有一次是對的就行了！

沒有人是完美的，即使是最傑出的人，我們也可以從他身上找到無數的缺點，你想要找出多少，就能找到多少！

去粉飾缺點、矯正錯誤，是一條永無止盡的道路。與其去改變那些錯的事，不如努力去做一點對的事，這還比較有用不是嗎？

犯錯時，我們要記取教訓，更要努力原諒自己。

如同培根所說：「過去的事早已消失，未來的事更渺不可知，只有現在是真實的。」不管過去錯得多離譜，只要現在是對的，你的人生就對了！

PART 4

人生是調色盤，不是記分板

人生的故事不是區區幾個數字就說得完的，我們應當把生命當成繽紛的調色盤，而不是單調的計分板。

不要當第二流的夢想家

若是還有疑慮、還是猶豫不決，說明了自己的決心不夠，試問這樣的人又怎麼會成功呢？

人生有太多的可能，如果你不願意爲夢想而投注全部的生命，那麼你應該選擇當第二種人。

寧可做一流的平凡人，也不要當二流的夢想家。我們不一定非得做自己喜歡做的事，但是我們一定要喜歡自己正在做的事。

夢想與現實之間總是有些距離。關於這一點，揚名國際的電影大師李安一定

有很深的體會。

李安從很年輕的時候，就一心一意投入電影圈，以「電影」作為自己生命的執著。然而，電影科班畢業以後，李安卻面臨無片可拍的窘境，在美國的電影界，沒有一個頭腦清楚的製片家會願意冒險起用一名新人導演。

李安體認到，新人如果想要出頭，就必須自己寫好成本低又能夠吸引人的劇本。於是，李安在家裡窩了六年時間，專心創作劇本，並且一肩扛起煮飯、接送小孩、打掃洗衣的責任，讓妻子在外面工作打拚，自己則擔任「家庭主夫」。

可以想像，當時的李安必須承受多少外界嘲諷的眼光、親友們「好心」的勸導，但是李安卻對一切壓力不為所動。

李安自嘲地說，他這個人、這輩子，除了拍電影之外，什麼事都不會做。如果為了賺些微薄的薪水，而在劇務、剪接或製作等工作打轉，他可能永遠都當不上導演。

為了這份寧為雞首、不為牛後的堅持，李安寧願待在家裡苦熬等機會。

也正因為他驚人的才華與意志力、不畏世俗眼光的處世態度，李安終於等到了他夢寐以求的機會。

一九九〇年，李安的劇本《推手》與《囍宴》，同時獲得新聞局優良劇本徵選的首獎與第二獎。他並得到中影公司的資助拍攝《推手》，這部電影令他獲得金馬獎最佳電影等八項提名，至於第二部作品《囍宴》則在柏林影展摘下了柏林金熊獎，之後更獲邀到美國執導《理性與感性》，成為華人第一、亞洲第一、美國第一的最佳導演。

直到這個時候，李安才得以抬頭挺胸的對家人說：「我有工作了！」

李安的奮鬥過程不八股、不教條、不矯情、不心海羅盤，就是那麼眞眞實實地貼近人心。

尤其是他謙稱自己「除了拍電影之外，什麼事都不會做。」更展現出他對拍電影的專注力與使命感。

日本暢銷作家村上龍認爲，「世界上只分成兩種人：一種是從事自己喜歡且適合自己的工作，並藉此生活的人；另一類則是不那麼樣過活的人。」

而幾乎所有頂尖人物，都屬於第一種人。

除了李安以外，某位廣受歡迎的音樂才子也曾經在夢想與現實之間徘徊，大學時期的他，熱愛音樂創作但又害怕這份工作無法養活自己，於是他擔憂地問老師：「您認爲我適合當音樂人嗎？」

老師回答：「如果你對這一點仍有懷疑，那麼你根本沒有資格做個音樂人！」

他頓時領悟到：如果眞的很想要一樣東西，就根本不應該考慮其他東西！若是還有疑慮、還是猶豫不決，說明了自己的決心不夠。試問，這樣的人又怎麼會成功呢？

人生是調色盤，不是記分板

人生的故事不是區區幾個數字就說得完的，我們應當把生命當成繽紛的調色盤，而不是單調的計分板。

讀書的時候，我們經常用分數來評價一個人；離開學校之後，我們也經常用薪水來評價一個人。

很多時候，我們把自己的價值建立在一些數字之上，例如存款的數字、房子的坪數、頭銜的數量……很多時候，我們也經常把自己的人生目標量化爲數字，例如三十歲要有一百萬存款、四十歲要住進四十坪的豪宅、五十歲時體重要保持在五十公斤、六十歲要去過六十個國家……等。

這些數字，代表著成功。但是眞正的成功，未必需要這些數字的加持。

周聯華牧師曾經寫過一個故事：

有一回，他在大學演講時，問了台下的學生：「你們知道『舉頭望明月』的下一句是什麼嗎？」

學生們異口同聲地回答：「是『低頭思故鄉』。」

他又接著問：「你們知道這是誰做的詩嗎？」

不用說，幾乎每個人都知道，「是李白做的。」

周牧師又問：「知道這是他幾歲的時候做的嗎？」

「不知道。」大夥兒都一臉茫然地搖搖頭，但隨即他們又想到：「為什麼要問這是他幾歲的時候做的呢？這個問題很重要嗎？」

周牧師笑著說：「是啊，這個問題很重要嗎？」

好詩就是好詩，不管這是李白在幾歲的時候做的，這都是一首流傳千古的好詩。同樣的，成功者就是成功者，不管這個人是幾歲成功的，他都是一個不容小覷也不可否認的成功者。

既然如此，我們又爲什麼要替自己的人生旅程定下一連串的時間表呢？

少年得志固然痛快，大器晚成也同樣可貴。人生的故事不是區區幾個數字就說得完的，我們應當把生命當成繽紛的調色盤，而不是單調的計分板。

無論你現在幾歲，你都仍然有機會能夠攀上人生的巔峰。不要隨便跟著別人趕進度，只要專心活出最好的態度。

成功永遠不嫌太早，也不怕太晚。

重要的是，在成功以前，你的生活中是否還有其他值得努力的目標？在成功以後，你的生命中是否還有其他值得追求的成就？

別為做不好的事情苦惱

這個世界不是只有單一的標準，與其為了自己做不好的事情感到苦惱，不如盡力去發掘自己做得好的事。

有沒有想過，你是爲了什麼而用功，爲了什麼而努力？

美國哥倫比亞大學心理系教授Carol Dweck分析，學習動機來自兩種目標：一種是打從心底想讓自己做得更好，另外一種是爲了讓別人覺得自己很棒。你是屬於哪一種呢？

生活在這個急速轉變的世界，今天的第一名到了明天很可能就會被淘汰，成功的榮耀無法維持太久，反倒是學習過程中的快樂，才是一輩子享用不盡的。

黃永洪是擁有耶魯大學碩士學位的知名建築師，他曾說過一句名言：「考試、排名都是在打擊你的自信！」

會說這種話的人，想當然爾，求學時期的成績一定不怎麼樣。

黃永洪從小就對房子與美術特別有興趣，他曾經在學校裡得過壁報比賽的冠軍，奠定了他對美感的自信心。

放假的時候，他總是拿著相機穿梭大街小巷，把喜歡的房子照下來。

有一回上課的時候，他不專心聽講，只一味低頭在紙上畫著自己的夢想之屋，被學校裡巡堂的神父看見了。

神父不僅沒有責備他，反而建議他以後可以去讀「建築系」。

這是黃永洪生平第一次聽到「建築」這個字。以前他只知道「房子」，現在他才知道，「建築」原來也是一門學問。

在神父的鼓勵下，黃永洪毅然朝著建築師之路邁進，他相信自己一定會成功。這份信念非常堅定，即便是申請耶魯大學建築研究所被拒，也沒能動搖他對自己

的信心。

「我當時簡直發狂！但是我不相信自己沒有錄取，立刻又準備了一本作品集，還請英文比較好的弟弟幫我寫信給系主任。」

一個禮拜後，耶魯大學回信，接受了他的入學申請。

回顧從小到大的學習歷程，黃永洪覺得自己非常幸運，他不需要改變自己的本色去迎合社會的價值觀，就可以獲得父母與師長的肯定。他認為，「保有自信」是他最幸運的地方，也是他得以成功的重要因素。

李遠哲曾經說過：「當你把所有時間放在考試，你一輩子就會被糟蹋掉。」因爲考試是考人類已經解決的問題，老師從來不去考自己不會的事，學生的成就又如何能夠超越老師呢？

試圖用成績去評量一個人，只能測驗出這個人有多在乎成績，無法準確地評斷出這個人的能力。

同樣的，如果我們用成就的高低來評價自己，我們也會因此錯失自己最珍貴的自信與活力。

這個世界不是只有單一的標準，成績不好不代表腦袋不好，不會賺錢也不表示沒有價值。與其爲了自己做不好的事情感到苦惱，不如盡力去發掘自己做得好的事。

生命從來不要求我們成爲最好的，只要求我們盡最大的努力。眞正的自信，不是來自於「我知道我是最好的」，而是來自於「我知道我一定做得到」！

這種不與人比較的自信，比任何一種勝利的光環都還要來得踏實、純粹、令人舒坦而快樂。

問題是死的，腦袋是活的

只要肯思考，就一定能找到出路。如果你不去想著要如何解決問題，那麼你將會為自己製造更多的問題。

不愛動腦的人，永遠不可能成功。發明大王愛迪生就曾經說過：「如果你年輕的時候沒有學會思考，那就永遠學不會思考。」

別以爲思考是領導者才需要做的事，即使是一名小小的清潔工，也需要透過思考才能把工作做得更好。

人的腦細胞隨時都是在活動的，如果你沒有一直想著要怎麼樣才能成功，那麼你等於是一直在想著要如何失敗。

出身在富裕之家的陳文敏，取得紐約大學的飯店管理學位以後，沒有像大多數的企業家第二代一樣回國投靠父母，反而留在美國的飯店裡洗廁所。

憑著那份肯學習的心，陳文敏打破紐約五星級飯店業紀錄，成為飯店業第一位華人女公關，並開設「WM宴會公司」，成功打進紐約上流社會。

陳文敏能夠贏得紐約名人的支持與喜愛，和她敏銳的觀察力和願意思考的習慣有很大關聯。

有一次，巨星麥克・道格拉斯與他的導演匆匆地走進陳文敏任職的漢斯理皇宮飯店。雖然這兩位客人來頭很大，但是他們沒有穿西裝，也沒有打領帶，按規定，飯店是不會允許這種客人進入的，除非他們穿上飯店特地為客人準備的西裝，否則等於是不尊重飯店裡的其他客人。

但是，身為國際天王巨星，麥克・道格拉斯怎麼可能會心甘情願地穿上飯店的西裝呢？

陳文敏靈機一動，拿著西裝上前，披在麥克・道格拉斯的手上。

麥克非常配合，為這個貼心的舉動感到愉悅。接著，陳文敏為他安排隱密的座位，不像一般飯店會把明星放在明顯的位置當作宣傳的手法。

為了追求最高品質的服務，陳文敏專業地問他：「請問有多少時間？」

麥克回答：「四十分鐘。」

陳文敏便迅速準備短時間內可以食用完畢的精緻餐點，還安排一位服務生擋在座位前面，保護客人的隱私。

最後，麥克準備離開時，陳文敏幽默地問他：「有沒有人告訴你，你長得很像麥克．道格拉斯？」

麥克聽了，笑著回答：「有時候會有人這樣說。」

「偷偷告訴你，其實你長得比他帥多了。」

陳文敏俏皮的反應惹得麥克哈哈大笑。他伸出手與她握手說：「你是我在紐約見過最好的飯店人員。」然後留下了五十美元小費。

可想而知，麥克．道格拉斯從此成了漢斯理皇宮的忠實顧客，之後也成為「WM宴會公司」的重要客戶。

陳文敏說：「人生的造化，與自我的努力有絕對關係！」

陳文敏除了肯做之外，更加肯學、肯用心、肯動腦筋。她知道華人要在紐約的飯店業立足不容易，所以她總是做得比別人更多一點，學得比別人更快一點，想得比別人更仔細一點。

身為一個紐約上流社會的異鄉人，重重的阻礙並沒有促使她放棄，反而激發她去做到別人做不到的事，想到別人沒想到的事。

由此可見，特別艱難的環境，往往可以造就出特別傑出的人物。

面對問題時，切記我們的腦袋裡有裝有無數個辦法、無限的可能，只要肯思考，就一定能找到出路。

問題是死的，腦袋是活的。如果你不去想著要如何解決問題，那麼你將會為自己製造更多的問題。

成功是點點滴滴的累積

如果不想接受失敗這個結局，那麼你唯有放膽一試，去為成功找方法，而不為失敗找藉口！

人生有太多的可能，每個人、每件事都有失敗的可能，但若不去嘗試，你等於已經自動承認失敗。

如果不想接受失敗這個結局，那麼你唯有放膽一試，去爲成功找方法，而不爲失敗找藉口！

美國長老教會牧師羅伯・舒樂，在五十年前曾經有一個夢想，希望能夠建造一座能夠容納萬人的水晶教堂。

算一算，水晶教堂的預算需要七百萬美元，但是舒樂牧師卻連一分錢也沒有。不過，這個夢想實在太吸引人了，舒樂牧師不願意就這麼放棄。

他左思右想，在一張白紙上寫下自己實現目標的奇特計劃：尋找七筆一百萬美元的捐款、尋找十四筆五十萬美元的捐款、尋找二十八筆二十五萬美元的捐款、尋找七十筆十萬美元的捐款、尋找一百筆七萬美元的捐款、尋找兩百八十筆兩萬五千美元的捐款、尋找七百筆一萬美元的捐款……

他將七百萬美元這個天文數字逐漸分割成更小的目標，最後，他決定，每次募捐一萬美元，只要募捐七百次，就可以實現這個目標了！

舒樂牧師逢人便告訴人家他這個「七百次一萬美元」的募捐計劃。十二年以後，舒樂牧師募集到的資金超過兩千萬美元。如今，洛杉磯的水晶大教堂成為建築史上的經典之作，吸引了無數遊客的造訪。

生活當中，我們總會遇到一些「不可能的任務」，但是，只要仔細觀察「Impossible」（不可能）這個字，也許你會看見「I'm possible」（我可能）。差別在於，你是否有勇氣去嘗試？

每個成功的人都知道：成功不是轟轟烈烈，而是點點滴滴。與其去尋找「一步登天」的方法，不如用心地思索什麼才是正確的「第一步」。哪怕只是聊勝於無的一小步，你也已經從「不可能」跨到了「可能」。

勇氣是人類邁向成功最好的特質，倘若有了勇氣，則其他的特質自然也就具備了。如果你沒有冒險的勇氣，至少也要具備作夢的勇氣。

聰明贏得掌聲，真誠贏得人心

想不出辦法的時候，「笨方法」至少好過「沒辦法」。流淚撒種的，必歡呼收割，不管他用的是什麼樣的方法！

你會不會覺得我們的社會處處充滿算計呢？

人非要懂得算計才能表現傑出嗎？

處心積慮、步步爲營的算計或許眞的可以把人推上成功的寶座，但是，心思澄明、單純筆直的向前走，反而會有更多意外的收穫。

在物資不足的偏僻山區裡，有兩個小學生為了打羽毛球，把學校禮堂裡的一百多張長凳一一搬開。

等到打完了球，他們再把一百多張長凳一一歸回原位。

同學們都笑他們吃飽沒事做，可是後來他們卻成了羽毛球國手。

原來，付出多一點，成就也會大一點。

有個女孩，經常託一位男同事幫她買早點。她總是給他三十元，請他替自己去早餐店買三明治。

一天，這位男同事休假，女孩自己去買早點，這才發現，早餐店的三明治早已從三十元漲到了三十五元，而那位男同事卻一直沒有跟她說。

從那時起，女孩總是忍不住會多注意那名男同事一點，這名男同事就靠著五塊錢，娶回了一個漂亮的老婆。

原來，計較少一點，好感也會多一點。

俗話說「傻人有傻福」，要打羽毛球有什麼困難，把場地清空就是了！

可惜，許多人都只看見了清空場地的麻煩，只有少數幾個傻瓜想到了打羽毛球的樂趣。

俗話說「吃虧就是佔便宜」，要追女孩子有什麼困難，對她好就是了！

可惜，許多人都只在乎「到底要付出多少才會有回報」，只有少數幾個傻瓜願意付出不求回報。

大家都知道，「兩點中間，直線最短。」只是，我們寧可挑好走的路來走，也不願意傻傻地走直線。

我們總是希望運用腦袋裡的聰明才智來讓自己少流幾滴汗，然而，決定一個人偉大或渺小的因素，不在於他使用的方法，而取決於他的心志。

聰明可以爲你帶來掌聲，眞誠卻可以爲你贏得人心。

想不出辦法的時候，請記得：「笨方法」至少好過「沒辦法」。流淚撒種的，必歡呼收割，不管他用的是什麼樣的方法！

多用一點心，就能激發熱誠

熱誠可以產生行動，行動也可以產生熱誠。再怎麼無趣的事情，只要加上細心與投入，就一定能夠變出許多有趣的花樣！

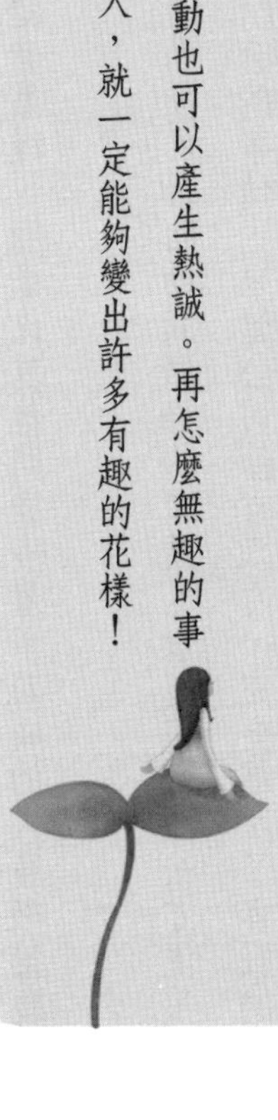

人生有太多的可能，當你對工作感到厭煩時，不妨強迫自己再多做一點、再用心一點。

熱誠可以產生行動，行動也可以產生熱誠。再怎麼無趣的事情，只要加上你的細心與投入，就一定能夠變出許多有趣的花樣！

「你不會遇到比魯特（Dawson Rutter）更熱衷服務的人。」有份雜誌曾經這麼形容波士頓「聯邦全球禮車接送服務公司」的創辦人。

魯特原本只是一名普通的計程車司機，但是因為他服務熱衷，使他的工作變成了他的事業，也讓他從計程車隊中的一員變成一家年營收三千四百萬美元的大公司老闆。

究竟魯特的服務是怎麼一個熱衷法呢？

魯特有一個簡單的「一點零五倍」哲學。為了確定公司在任何時候都可以提供無懈可擊的服務，魯特要求公司待命的車輛以及司機，永遠都要維持在尖峰時刻所需數量的一點零五倍。

同時，聯邦全球的電話客服中心規定，服務人員一定要在顧客電話響三聲之內接聽。他們不採用自動化語音系統，而是比其他同業多雇用四成的人員來接聽電話。

因為魯特認為，電話語音系統打著自助式服務的口號，看起來好像很方便，實際上卻是叫顧客自行去做所有的事情，來幫公司節省人力，完全違反了客服的精神。

因此，他寧可採取成本較高的運作方式，來確保公司不會因為服務品質降低而失去顧客。

只要公司有足夠的顧客，自然就有能力支付較高的成本，如此一來，便形成一個良性的循環。

為了維持服務品質，公司每年會進行兩次「神秘顧客調查」，由監察人員喬裝成一般顧客，對服務流程進行二十五項測試。測試內容非常嚴格，包括司機迎接顧客上車時，車門是否對齊顧客走出來的大門？當顧客在途中突然改變目的地時，司機是否立刻回答「沒問題」？

這也難怪魯特誇下海口：如果你沒有搭乘過「聯邦全球禮車接送服務公司」的車子，別說你搭過計程車！也許你曾經被許多計程車接送過，但其實你尚未真正的被服務過。

一個人是否具備熱誠，是假裝不來的。熱誠使人眼神散發光彩、行動充滿活力，也讓每個認識他的人都會想要幫助他。

大多時候，熱誠需要靠自己去點燃、去維持，特別是在枯燥繁瑣的事務中，我們一不小心就會失去心中的熱誠，不知不覺變成一台工作機器。

激發熱誠的方法其實很簡單，一方面靠自己的鬥志，堅持要做最好的；另外一方面則靠對人的關懷，發揮助人的力量。

想想看，有多少人正因爲你的付出而受益？又有多少人感染到了你的好心情？一個熱誠的人，絕對是個有影響力的人。

想改變環境，先改變自己

要懂得悔改，否則只會一錯再錯。一個人如果連自己都沒有辦法改變了，又如何改變身邊的人、改變這個世界？

人生有太多的可能，想要改變環境時，就先改造自己吧！人的魅力來自於自信，自信來自於自我的肯定，而這一切都必須從認識自己開始做起。

想像不到吧！在日本壽險業被譽為「推銷之神」的原一平，其實從小是個個性頑劣的壞孩子，讀書時期，他曾因暴烈的性格而殺傷老師，離開學校之後，甚至窮得露宿街頭，每個親戚朋友都視他為「廢物」。

走投無路之際，原一平投入了壽險業，四處去招攬保險生意。因緣際會之下，他遇到了一位老和尚，從此扭轉了他的一生。

這一天，原一平來到寺院向老和尚兜攬生意。

老和尚聽完了他的推銷話術，很直接地對他說：「你剛才所說的內容，完全不吸引我，我一個字也沒聽進去。」

接著，老和尚說：「人不管從事任何工作，或是與人交談，一定要具備強烈吸引對方的魅力，如果無法做到這一點，就別想要成功。年輕人，試著改造自己吧！你知道自己是個什麼樣的人嗎？在你賣保險、替人服務之前，一定要先徹底地注視自己、反省自己、清清楚楚地認識自己，然後你才能散發出專屬於自己的魅力。」

老和尚的一席話，如同醍醐灌頂，讓原一平心眼頓開。

他深切地面對自己、反省自己，總算走出了自己的一片天。

俄國大文豪托爾斯泰說：「大多數的人想改造這個世界，但卻少有人想改造自己。」

我們都希望別人聽我的話，想盡辦法要扭轉別人的觀念、習慣，卻很少回過頭來，重新改造自己。

雖然常言道：「失敗爲成功之母」，但若失敗卻不懂得悔改，這個人還有可能會成功嗎？失敗促使人悔改，悔改方能孕育出成功。少了「悔改」這位醫生，「成功」恐怕只會胎死腹中。

失敗了，要懂得悔改，否則只會一錯再錯。

當我們望著這個世界搖頭嘆息時，我們更應該注視自己深切自省。一個人如果連自己都沒有辦法改變了，又如何改變身邊的人、改變這個世界？

亞都麗緻飯店總裁嚴長壽曾建議年輕人，在想下一個階段要什麼時，首要之務，就是先認識自己，並且要有勇氣去面對自己的優點與弱點。

無論是肯定自己的優點，抑或是面對自己的軟弱，都是很不簡單的功課，值得我們用盡一生的時間學習。

競爭是為了激發自己的潛能

競賽不是為了與人比較，而是為了發掘自己的極限。如果你因為怕輸而不願意投入競賽之中，那麼你其實已經輸了！

人生有太多的可能，如果不盡力一試，你不會知道極限在哪裡。競賽不是爲了與人比較，而是爲了發掘自己的極限。如果你因爲怕輸而不願意投入競賽之中，那麼你其實已經輸了！

一天，女兒帶著剛交往的男朋友回到家中，父親在客廳裡與他們一同聊天。父親問女兒的男友：「你喜歡打球嗎？」

「不，我不喜歡打球，我大部分的時間都用來看書、聽音樂。」

「那你喜歡賭馬嗎？」

「不，我不賭博的。」

父親又問：「你喜歡看電視上的球類競賽嗎？」

「不，我對那些競賽性的運動沒有興趣。」

男朋友離開後，女兒問父親：「爸，你覺得這個人怎麼樣？」

父親回答：「妳和他做朋友我不反對，但是如果妳想嫁給他，我勸妳可要考慮清楚啊。」

「為什麼呢？」女兒感到有些訝異。

父親解釋說：「一般人養黃鸝鳥，絕不會把黃鸝鳥關在自家的鳥籠裡，主人會把黃鸝鳥帶到黃鸝鳥聚集的茶館，讓這隻新的鳥兒聆聽同類此起彼落的鳥鳴聲，這樣，這隻新的小鳥便會不甘示弱，也引吭高歌。」

女兒問：「這跟我的男友有什麼關係呢？」

父親說：「鳥要和其他鳥兒競爭，才能展露優美的歌聲，人也是一樣。你這位男朋友，不喜歡運動，也不喜歡賭博、球賽，說穿了，他排斥所有競爭性的活動，我認為這樣的男人，將來恐怕很難有所成就。」

女兒點點頭，牢牢記住父親的這番話。

現代社會裡，競爭是無可避免的事。有些人認爲自己「生性淡泊」，不喜歡與人競爭，事實上，大多時候，他們並不是眞的豁達到了「與世無爭」的境界，他們只是因爲恐懼失敗，所以不願意參與競賽。

的確，做人太好強，不但會傷害到身邊的人，也把自己搞得很累。但若毫無鬥志，對勝利沒有一點渴望，也不可能會有卓越的表現。

在這個競爭激烈的社會裡，除非你躲到山上去隱居，否則你早已加入了這場人生的競賽，由不得你退出。這場人生競賽的重點，不在於勝負，而在於你是否在競爭的過程中，激發出潛能，讓自己更加成長。

人活著，可以不追求勝利，但是不能不追求進步。若停止追求進步，那麼，過一天和過一年對我們來說又有什麼差別呢？

PART 5

格局，決定一個人的結局

格局，決定了一個人的結局。我們應該要主動追求更大的格局，而非只是在自己的小世界裡稱王稱霸。

願意服輸，心裡才會舒服

你可以為自己的失敗哀傷，也可以為別人的勝利歡呼。但是當你祝福你的對手時，你同時也戰勝了自己的失敗。

二十世紀中國最傑出的文學大師巴金曾經說過：「幾十年的經驗告訴我：多想想別人，少想想自己，就可以少犯些錯誤。」

輸的時候，千萬別被失敗打敗！

要服輸，才會舒服。

能夠遇到比自己優秀的人，是一件值得高興的事，那表示，世界會變得更好！社會會變得更好！你和我，也會因此而變得更好！

一九九二年美國總統大選，聲望很高的老布希意外落馬，輸給了年輕有為的柯林頓。當時，老布希的孫子正就讀小學三年級。投票結果公佈時，孩子們正在學校的餐廳裡排隊領營養午餐，一名小孩嘲笑老布希的孫子說：「輸掉了，你爺爺輸掉了！」

這麼小的孩子，根本還不了解大人的世界，卻要承受這種無情的攻擊。站在一旁的老師看了很心疼，正想上前去安慰布希的孫子，沒想到那孩子居然一點都沒有被激怒，也絲毫不感到羞赧，只是面帶微笑、坦然大方地說：「沒關係，我相信柯林頓也會是一個好總統。」

我們的教育經常教我們要怎麼贏，卻很少告訴我們要怎麼面對輸。每個人都知道「勝不驕，敗不餒」的道理，卻很少人知道要失敗時要如何才能夠不感到氣餒。

但是，老布希的孫子，這個十歲的小孩卻爲我們做了很好的示範。如果不想要爲自己的失敗而傷心沮喪，那麼我們就必須要站在高處來看事情。

雖然老布希落選了，但是那有什麼關係呢？重要的是，美國多了一位好總統。雖然我輸給了我的對手，但是那有什麼關係呢？我能爲社會提供的貢獻，我的對手也一樣能做得到。

雖然我沒考上好大學，我的鄰居卻考上第一志願，那又怎樣？我雖然沒有名校背書，照樣可以找到許多發展機會，而他那種除了讀書之外什麼都不會的「乖乖牌」，若是少了一個漂亮的學歷，很可能連份像樣的工作都找不到！

當別人得到了你想要的東西時，你的確輸了。但其實你並沒有失去什麼，不是嗎？你可以爲自己的失敗哀傷，也可以爲別人的勝利歡呼。或許這很難，但是當你祝福你的對手時，你同時也戰勝了自己的失敗。

就算失敗，也可以重新再來

遭遇到兩難問題，不如反向思考，去思索事情最壞的那一面。一旦你發現最壞的下場也不過如此，那麼失敗又有什麼可怕？

成功學大師拿破崙．希爾說：「我當時真應該那麼做，卻沒有那麼做。這是天底下最悲哀的一句話。」

年輕人應該給自己一個機會嘗試失敗，就算失敗了，還可以重新再來！

暢銷書作家吉姆．柯林斯曾經說過一個故事：

當他在史丹佛大學商學研究所任教時，有一個學生來到辦公室裡，問他說：

「老師，我真的很想創業，但是，創業的風險很高，我認為我還是去ＩＢＭ上班比較好，請問您可以給我一點意見嗎？」

柯林斯反問他：「如果你盡全力創業，但不幸失敗，會有什麼後果？」

學生想了想，回答說：「我大概只能去找工作了。」

「你認為你找工作難嗎？」

「應該不會太難。」

「所以，對你來說，創業最壞的結果，不過是回到現在這個原點——想辦法去大公司謀一個職位。」

大學畢業生經常面臨到一個難以抉擇的問題：畢業了以後，要立刻就業還是要繼續唸研究所？決定就業的人，擔心出了社會工作以後，荒廢了讀書的習慣，將來即使想深造也很難考上。

決定唸研究所的，也擔心自己比別人晚出社會，反致競爭力下降。

某位大學教授說得好，「一個人考不上研究所，只有兩個可能：不夠聰明，或者他夠聰明卻沒有考上。不夠聰明所以考不上，那麼早點出社會學點經驗比較好。夠聰明而沒有考上，那就是你的決心不夠強。既然你的決心不夠強，那就表示你的生命中還有其他吸引你的事物，它們比碩士學位更重要，所以你捨不得為了追求碩士學位而丟下它們。這樣的話，就算沒有唸研究所也不必感到遺憾，不是嗎？你的生命中還有許多的可能性呢！」

又想要實現夢想，又想要餵飽荷包，是許多人都會遭遇到的兩難問題。我們往往都只看到事情誘人的一面，魚與熊掌都想兼得，徘徊在兩個美好的願景之間，遲遲無法下定決心展開行動。

這個時候，不如反向思考，去思索事情最壞的那一面。

一旦你發現最壞的下場也不過如此，那麼失敗又有什麼可怕？

人生有太多的可能，但若不去嘗試，你永遠都不會知道結果。

成功容易使人得意忘形，失敗卻能讓人更認識自己。只要你願意去嘗試，即使失敗了，你得到的也絕對比失去的還要多。

想達成目標，先擬定成功計劃表

每一位成功人物，在出人頭地之前，都必定花了好幾年的時間沉潛醞釀、厚植實力。他們成功得早，是因為他們開始得早。

五年後，你想做什麼？

好好仔細認眞地思考這個問題，因爲，你的答案將會成爲事實！

曾經紅極一時的蚱蜢歌手李恕權原本是個休士頓大學主修電腦的學生，並且在學校附近的太空梭實驗室工作。

然而，他的心中始終懷著一份對音樂的熱愛與堅持，只要一有空閒時間，就會埋首於音樂創作之中，徜徉在音符的世界裡。

一天，有一個經常與他合作寫詞的女同學問他：「你覺得五年後，你會在做什麼？」

李恕權一下子被這不著頭緒的問題問倒了，一時間說不出話來。那名女同學推推他的肩膀，俏皮地說：「想像一下嘛！你『最希望』五年後的你在做什麼？過著什麼樣的生活？」

李恕權仔細地想了想，說：「我希望五年後，我可以發行一張很受歡迎的唱片，並且贏得很多人的肯定。另外，我也希望可以住在一個音樂氣息濃厚的地方，可以天天和世界一流的音樂人一起工作。」

「這樣啊……」那位女同學開始認真地思索了起來，緩緩地說：「如果你想在第五年推出唱片，那麼你第四年一定要跟一家唱片公司簽上合約。這樣的話，你第三年就要準備好一份完整的作品，拿去給很多家唱片公司試聽。那麼，你第二年就要開始進錄音室錄製你的作品。在那之前，你得利用第一年的時間完成所有的創作，連編曲和排練都要一併準備好。」

「算一算，修改作品大概需要半年的時間，所以你要在前六個月就把作品的初稿寫好。這樣，你必須在第一個禮拜就把以前所有作品都找出來，列出一張清單，決定哪些曲子需要修改，哪些曲子需要填詞，你還需要多少曲子才能足夠製成一張完整的專輯……你看，我們現在不就已經知道你下個禮拜要做些什麼了嗎？」女同學笑著說。

接著，她又說：「對了，你說你五年後想要生活在一個充滿音樂氣息地方，和一流的音樂人一起工作，那麼，照理說，你第四年就應該要成立一間自己的音樂工作室，為了累積足夠的人脈，你在第三年，就要先和這個圈子裡的人一起工作，那麼，你第二年就應該要住在紐約或洛杉磯才是啊！」

這段對話像是一張具體的「成功計劃表」一樣，促使李恕權「按部就班」地朝夢想邁進。隔年，他辭掉了安穩優渥的工作，隻身一人來到陌生的洛杉磯。五年後，他果真推出了一張暢銷專輯，成了亞洲炙手可熱的巨星，經常與世界頂尖的音樂人一塊兒工作。

當我們在爲未來編織美好的藍圖時，我們更應該想到：如果未來想要達到那樣的目標，那麼，我們「現在」應該要做些什麼？

能夠成就夢想的，除了自身的努力之外，還得要加上時間。時間是成功最好的助手，只要你花的時間夠長，就幾乎沒有做不到的事。

俄國有位享譽全球的芭蕾舞者，在她八十歲那年，有人去問她成功的秘訣，她這麼說：「我並沒有什麼特別之處，只不過，有的人只有三分鐘熱度，而我卻持續了八十年。」

每一位成功人物，在出人頭地之前，都必定花了好幾年的時間沉潛醞釀、厚植實力。如果他們成功得早，那是因爲他們開始得早。

而我們現在開始也還不算太晚！

渴望某一樣東西時，就著手爲自己擬定一套「成功計劃表」吧！你可以決定你自己的命運，只要你懂得善用此刻的光陰。

要努力，也要發揮腦力

想要成功，光是努力是不夠的，還得要多動動腦筋才行。我們可以死守目標，但千萬不要死守著同一個方法！

人生有太多的可能，此路不通時，寧可繞遠路，也不要硬碰硬。既然這個辦法不行，那就試試別的辦法。我們可以死守目標，但千萬不要死守著同一個方法！

有一對要租房子的夫妻，兩人一起看了好多間房子，始終找不到一間滿意的。就在他們找房子找得筋疲力盡之際，突然發現了一間環境優美、價格合理的房子，兩人喜出望外，急忙要把這間房子訂下來。

但是，房東先生卻告訴他們，「不好意思，我有個限制，就是不租給有小孩的家庭。」

這對夫妻一人一隻手牽著六歲的兒子，三個人你看我、我看你，把失望全寫在臉上。

不管他們如何好說歹說，房東就是不肯讓步。

正當這對夫妻來到電梯口，準備離去之際，小男孩卻若有所思地轉身，回過頭去按電鈴。

「什麼事？」房東打開了大門。

小男孩說：「房東伯伯，我要租房子！」

「租房子？我不租給有小孩的家庭哦！」

「我知道！」小男孩鎮定地說：「但是我只有爸爸媽媽，沒有小孩子啊！你可以把房子租給我！」

房東聽了這番話，不禁哈哈大笑，決定破例把房子租給這位勇氣十足、機敏睿智的孩子。

隨機應變，是我們在社會上立足必修的一門功夫。

有人形容現在的大學畢業生，「雄心壯志地拿了一把斧頭，說要闖天下，取回天下財，結果出去一看，滿地都是空心菜。」

當你遇到的不是大樹而是空心菜之時，你是否懂得隨機應變，適時把手中的斧頭換成菜刀？甚至毅然丟下武器，赤手空拳地慢慢摘取一點一滴、得來不易的成就？

天下文化的創辦人高希均曾提醒現在的年輕人：「過去十年常聽到『愛拚才會贏』的吶喊，那是草根性的『匹夫之勇』；現在要提升到『學習才會贏』，來呈顯『知識之力』。」

想要成功，光是努力是不夠的，還得要多動動腦筋才行。

與其辯解，不如認錯化解

挨罵時，勒住舌頭，不在氣頭上為自己辯解，是一種難得的修養。而這樣的人，必定是走到哪裡都會受人歡迎的！

挨罵時，就在第一時間不分青紅皀白地低下頭來吧！

勒住舌頭，不在氣頭上爲自己辯解，是一種難得的修養。而這樣的人，必定是走到哪裡都會受人歡迎的！

大學生涯的最後一天，教授特地給即將畢業的學生上一堂「社會課」。

教授說：「恭喜各位即將踏入職場，你們是頂尖學校畢業的學生，資質一定比一般人要優秀很多，初入社會時，難免遇到一些能力不如各位，但職位卻比你還要高的同事及上司。工作時，難免都會發生一些問題，遭到上司的怒罵。但請各位牢牢記住：挨罵的時候，無論對錯，都不要辯解。」

無論對錯，都不要辯解？這不等於是加深誤解嗎？

即便是社會叢林，也應該要有公理與正義，有必要為了那份微薄的薪水如此忍氣吞聲嗎？

教授似乎看出了同學們的疑惑，繼續說：「是的，無論對錯，都不要辯解。各位儘管站好、低頭、越低越好，不斷點頭大聲地說：『是的，非常抱歉，我下次一定會改進，謝謝您的指正……』」

台下有一名同學聽不下去，開口打斷教授的話，問道：「如果自己真的一點錯也沒有，難道還要這麼低聲下氣嗎？」

教授笑著說：「各位想想看，如果真的不是你的錯，你的上司在盛怒之中，一定也聽不進任何辯解，到最後，就算你本來沒有錯，現在也犯了『態度不佳』的錯，對你自己一點好處也沒有。上司情緒性的斥責，就如同『齊發的萬箭』。

利箭迎面而來，你千萬不要認為自己沒有錯，就抬頭挺胸，努力迎戰，結果只會被萬箭穿心而死。越是這種時候，越要低頭、彎腰，讓箭從頭頂掠過，隨風而去。等到上司氣消以後，你抬起頭來，依然毫髮無傷，這才是聰明人的做法。」

「可是這樣的話，我們不等於吃了啞巴虧了？」台下仍然有同學嚥不下這口氣，反問教授。

教授說：「那也未必。如果你在情緒的當口，努力為自己辯解，最後真的證明了不是你的錯，而是你上司的錯，公然讓上司漏氣，你想你以後的日子還可能會好過嗎？你應該要等到風暴過去了，再找機會向上司說明：『其實上一次的事情是這樣的……』，上司了解內情之後，一定會想：『這個小子白白挨了罵，還能保持良好的態度，沒有公然在大家面前反駁我、指正我的錯誤，真是有一套！』瞧！這下子你不是出運了嗎？」

最後，教授語重心長地說：「各位將來在職場上工作的日子很長，只管努力工作，時間自然會證明一切。寧可被冤枉、被誤會，也好過在人前據理力爭之後，才發現真的是自己判斷錯誤，反倒成了強詞奪理、錯了還不承認的討厭鬼，那可真是枉費了你們的高學歷啊！」

永遠不要因承認錯誤而覺得羞恥，因爲那能使你變得更聰明。

每個人都會犯錯，但不見得每個人都願意認錯。

有些人把「我不喜歡說對不起」這句話掛在嘴上，好像這樣就表示自己很高貴、很有個性。

事實上，這除了惹人厭之外，半點作用都沒有。

說「對不起」這三個字，並不會令人看不起。做下屬的人如果願意認錯，可以爲自己贏得謙和虛心的形象。做上司的人若是願意說出這三個字，更會讓人覺得他氣度非凡，更加了不起。

人在做，天在看。好漢不是不吃眼前虧，而是根本不怕吃眼前虧。因爲他知道，據理力爭，只是逞血氣之勇；低頭退讓，才是眞正的勇氣。

何必讓環境干擾自己的心情？

受到不合理的對待時，我們大可不用為了別人的錯誤而煩惱，因為那等於是把別人的問題攬在自己身上。

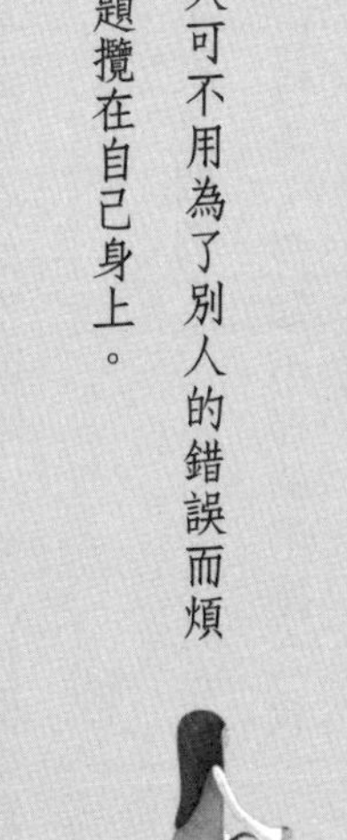

受到不合理的對待時，我們大可不用爲了別人的錯誤而煩惱，因爲那等於是把別人的問題攬在自己身上。

他固然不對，但是，你做對了嗎？

既然做對了，那還生什麼氣呢？

一天，老闆要小郭擬一份企劃書。

小郭花了三天的時間仔細構思，再把內容大綱向老闆口頭報告。

老闆聽了，加上兩點指示，點點頭說：「好，就這麼寫！」

當天晚上，小郭連夜把企劃書完成，趕在隔天早上九點以前，慎重地交到老闆桌上。

沒想到，老闆看了卻連連皺眉，提出了好幾個需要修改的地方。

小郭心裡非常納悶：「不是都口頭向你請示過了嗎？當時不講，現在卻拼命挑毛病，好像變成是我的過失了？」

更氣人的是，企劃書裡有個老闆再三交代「非改不可」的地方，那正是前一天老闆自己提出來的意見。

小郭難過得要命，他認為一定是老闆看他不順眼，故意找機會整他！天哪，他還能在這間公司裡待得下去嗎？

小郭越想越心煩，索性找好友出來喝悶酒。

幸好他這個朋友出社會的時間比較長，得知小郭的困擾之後，立刻笑著說：「別擔心，我跟你保證，你老闆絕對不是故意在找你碴。」

「那他為什麼要朝令夕改，出爾反爾呢？」小郭大惑不解。

朋友說：「所謂老闆，就是日理萬機，只有當下屬來請示某件事的時候，才會針對那件事稍微『想一想』的人。他之前並沒有通盤考慮那個案子的細節，只是在你每次請示的時候隨機產生意見，而且往往說了就忘了，所以下屬永遠都猜不透老闆在想些什麼。」

「可是這樣子，當他的下屬豈不是很倒楣？」小郭感到忿忿不平。

「沒辦法啊，誰教付薪水的人是他不是你呢？別以為下一個老闆會更好，其實，天底下的老闆大多如此，怎麼換都差不多。與其換老闆，不如轉換自己的態度，試著去了解他們，適應他們的善變、無常，直到你自己成為老闆為止。」

每件不合理的事情背後，都會有一套合情合理的原因，在埋怨指責之前，我們應該要先去找出事情背後的原因。

如果對方的行爲眞的難以理解，我們也不需要因此而生氣。不如試著去接受「老闆就是這樣」、「環境就是這樣」、「他就是這樣」……好讓自己的心情不受干擾。

這並不是說我們應該要把那些不公平、不合理的事情當作是對的，而是我們應該要把別人的錯誤丟回他自己身上。他就是這樣，那是他的問題，我們沒有必要爲了別人的問題而感到不愉快。

做好老闆要求的任務，是我們份內的工作；至於老闆是鐵腕直斷還是變化多端，那是他自己的責任。

格局，決定一個人的結局

格局，決定了一個人的結局。我們應該要主動追求更大的格局，而非只是在自己的小世界裡稱王稱霸。

「天底下最痛苦的人，莫過於懷才不遇的人，因為他想做的，跟他能做到的有很大的距離。」一位哲人如此說。

人生有太多的可能，麻雀都能變鳳凰了，鴨子當然也能夠變老鷹。關鍵在於，你要先搞清楚，自己現在究竟是鴨子，還是老鷹？

有位人力資源管理專家把現代職場中的人分為「老鷹」和「鴨子」。

老鷹會做事，鴨子只會嘎嘎叫。鴨子嘎嘎嘎的內容通常都是理由、藉口、廢話和閒話。公司最不需要的，就是這種人。

「鴨子」和「老鷹」的不同之處在於：

鴨子說：「這我可做不到。」老鷹會問：「我如何才能做得到？」

鴨子喜歡互相述說負面的結果，甚至會為了這件事開個鴨子大會；老鷹則大多報導正面的成果。

鴨子有一點小事就激動得不得了，還以為這樣做很好；老鷹則不會做這種可笑的事。

鴨子多一事不如少一事，老鷹則會能多飛幾哩就多飛幾哩。

鴨子從十點工作到下午六點，老鷹從六點到十點都在工作。

鴨子工作緩慢，他們的準則是：「我是來工作的，又不是來逃難的」；老鷹則是「儘快完成所有的事」。

鴨子在每個機會裡找問題，老鷹在每個問題裡看見機會。

鴨子要花很長的時間做決定，做事卻撐不過三分鐘；老鷹果決行事，一旦決定了就能堅持到底。

鴨子一旦感到恐懼，就不敢冒險。老鷹也會感到恐懼，但是，他們還是硬著頭皮去做。

鴨子等人餵，如果飼料不夠，就會大聲叫；老鷹懂得負責，只取所需。

鴨子愛他所擁有的東西，老鷹設法取得所愛的東西。

鴨子的生活圈只有一個小池塘，老鷹則可以攀越高峰。

有的人很積極、很努力，卻仍然只是一隻積極努力的「鴨子」而已。因爲，他從來沒有想過要當老鷹。

鴨子老是在自己的小框框裡打轉，老鷹雖然也生活在同一個辦公室裡，但是卻會儘量從高處著眼。

當遇到問題時，鴨子頂多只能想到：「我該怎麼辦？」但是，老鷹卻會更進一步去想：「換做是總經理，他會怎麼做？」

是的，就是這種隨時隨地仿效成功人物的態度，才能使老鷹飛得越來越高、想得越來越精闢。

如果你想成爲郭台銘，那麼就應該換個郭台銘的腦袋，在每次做決定的時候，想一想：如果是郭台銘遇到這個問題，他會怎麼做？

格局，決定了一個人的結局。我們應該要主動追求更大的格局，而非只是在自己的小世界裡稱王稱霸。

忘了告訴你，鴨子的另外一個特性，就是他們老是以爲自己是老鷹。

只要用心，不可能也會變可能

即便是看似非常不可能的事情，只要用心尋求，就會變得可能。覺得希望渺茫時，不妨認真地從微渺的希望中找答案。

一天，美國通用汽車公司收到一封客戶抱怨信，上面寫著：

「這是我第二次為了同一件事情寫信給貴公司，我不怪你們為什麼沒有回信給我，因為我也覺得這樣別人會認為我瘋了，但是，這的確是個事實。

我們家有個習慣，在每天晚餐過後，我們會以投票的方式來決定飯後甜點冰淇淋的口味，然後由我開車去買。

但自從我買了貴公司的龐帝克新車以後，怪事開始發生了！

你知道嗎？每當我買的冰淇淋是香草口味時，我從店裡出來，車子就發不動。

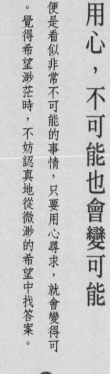

但如果我買的是其他口味的冰淇淋，車子就可以順利發動。

我必須再次說明，我對這件事情是非常認真的，雖然這個問題聽起來很愚蠢。但是我真的需要知道，為什麼這部龐帝克只要遇到香草冰淇淋它就秀逗，而遇到其他口味的冰淇淋就生龍活虎？為什麼？為什麼？」

儘管客服部門的經理對這封信抱持高度的懷疑，但為了表示誠意，他還是派了一位工程師去查看究竟。

出人意外的是，寫這封信的客戶居然是一位事業成功、家庭和樂、受了高等教育的人。工程師利用晚餐時間來到這名客戶家中，當天晚上的投票結果是香草口味。果真，當這名工程師與客戶一同進到店裡買完冰淇淋出來以後，車子就發不動了。

工程師接連又來了三個晚上。

第一天晚上，花生冰淇淋，車子安然無恙。

第二天晚上，草莓冰淇淋，車子也毫無異狀。

第三天晚上，香草冰淇淋，「喀隆……喀隆……」車子發不動就是發不動。

難道這是一場靈異事件嗎？

工程師經過好幾個星期仔細的觀察，以及邏輯性的思考，總算發現，問題其實出在這家冰淇淋店上。

由於香草冰淇淋是所有冰淇淋口味中最暢銷的口味，店家為了快速服務顧客，所以特地把香草口味放在離收銀機最近的冰箱，其他口味則放在櫃檯後面較遠的冰櫃裡。

這位龐帝克車主每次購買香草冰淇淋時，因為在店內停留的時間太短，引擎內的蒸氣沒有足夠的時間散熱，所以才造成了這麼一個烏龍事件。

即便是看似非常不可能的事情，只要用心尋求，就會變得可能。

我們很喜歡用常理來判斷事物，也經常用過去的經驗來評價自己，但是，有很多想像不到的機運是在我們的知識領域之外，所謂「奇蹟」，正是因爲它並非時常都在發生。

「沒有人這麼做」，不代表「這麼做不會成功」。

人生有太多的可能，覺得希望渺茫時，不妨效法故事中的這名工程師，認真地從微渺的希望中找答案。

「可能」或「不可能」，不是我們有資格論斷的。即使真的是不可能的任務，我們也要試著去證明它「不可能」，否則，那位莫名其妙的客人一定會再寄第三次投訴信來，同樣的麻煩也必定會一再捲土重來！

越失望，越要擁抱希望

困境中不選擇擁抱希望，你將會面臨更大的困境。胸懷希望，事情未必會變好；但若放棄了希望，事情只會變得更壞。

跌落谷底時，記得牢牢地抓緊「希望」。它或許不能讓你馬上飛起來，但是卻能阻止你繼續往下墜落。

你以爲是你在抓著它，等到風暴過去之後，你會發現，其實是它一直在默默地撐著你。

有一位劉老先生投書報紙說，某天早上，他看見一名年輕人正把一面房屋仲介的廣告看板綁在路邊的行道樹上。

劉老先生上前客氣地問他：「先生，你知不知道市政府的清潔隊，剛剛才費了好大的力氣把樹上的廣告看板清除完畢？」

「知道啊！」年輕人漫不在乎地應了一聲。

「既然知道，你為什麼還要繼續綁？破壞市容整潔是違法的呀！」

年輕人聽了，頭也不抬：「我也不想啊，還不都是為了賺幾個錢！」

「難道你只為了自己賺幾個錢，就可以違法破壞環境，影響大家的居住品質？」老先生仗義直言。

只見年輕人不以為然地說：「違法？呵，違法的事可多啦！那些有錢人亂停車，還不照樣違法！」

「你的意思是說，『要違法，大家一起來違法』囉！這樣的話，我們國家還有什麼希望？」

「是沒希望啊！」年輕人說完，跨上違法停在人行道上的機車，違法不戴安全帽，又趕往前面另外一棵樹，違法去綁廣告看板……

的確，很多時候，生活的苦難讓我們看不見希望，我們也都會這位年輕人一樣，無可奈何地說：「是沒希望啊！」

也有一些身處谷底的人認爲，「希望」不過是個空洞的名詞而已，反正努力也不能保證會有好結果，那麼何必浪費力氣去做困獸之鬥呢？舒舒服服地等死不是更好嗎？

他們的想法，其實也沒有錯。要在困苦的現實中擁抱希望，實在是強人所難。然而，這卻是我們在困境之中唯一的選擇。

想想看，如果每個年輕人都像那位違法懸掛廣告看板的年輕人一樣，覺得「沒希望」，這個世界會變成什麼樣子呢？

這個世界非但不能維持現在的低品質，還會變得比現在更糟糕。

同樣的，如果你在困境中不選擇擁抱希望，你將會面臨更大的困境。

胸懷希望，事情未必會變好；但若放棄了希望，事情只會變得更壞。

「希望」雖然是虛無飄渺的東西，無法實際地助你一臂之力，但是它卻可以在你上坡的同時，有效地把你沉重的腳步變輕。

PART 6

與其終身遺憾，不如盡力改善

過去是無法改變的，能做的只有接受現在，改善未來。把該流的淚水一次宣洩而出，別讓遺憾陪你度過往後日子。

受到刺激，能釋放自己的能力

只要願意接受挑戰，嘗試突破拘囿自己的瓶頸，就能開發出連自己都會嚇一跳的潛能。

現代醫學心理學認爲，人的大腦存有某種抑制現象，使得人們難以察覺自己的潛能。只有在意想不到的強烈刺激下，這種抑制才會被解除，潛能就會突然爆發出來，成爲超常的力量。

坊間有許多「潛能開發」的課程，其實就是一種心理暗示，教導人們如何運用自己的「潛意識」。

沙烏地阿拉伯有一位漂亮的女孩，已經二十五歲的她不知什麼原因啞了二十年，看了一堆醫生，也試過許多偏方，可是都沒用。

有一天，媒人帶來一個比她大二十五歲，長相很醜的男人來相親。

女孩的父親認為自己的女兒有缺陷，與其嫁不出去，不如嫁給這個又老又醜但是富有的男人。

受到父親逼迫的女孩百般不願意，情急之下竟然說出了二十年來的第一句話：「我寧死也不嫁給他！」

因為受到刺激，使得二十年不會說話的啞女開口說話了，可見，她不是不會說話，只是說話的能力一時被抑制了而已。

以下是另一個因刺激而釋放自己潛能的例子。

俄國戲劇家斯坦尼斯拉夫斯基排演一場話劇時，女主角因故不能參加演出，不得不讓自己的大姐接替。

可是，大姐從未演過主角，自己也缺乏信心，排演時的狀況很糟糕。斯坦尼斯拉夫斯基非常生氣地說：「女主角是這齣戲的關鍵人物，如果仍然演得這樣差勁，整個戲就不能再排下去了！」

這時全場寂然，受到屈辱的大姐久久沒有說話。

突然，她抬起頭來堅決地說：「排練！」

一掃過去的自卑、羞澀、拘謹，她演得非常自信和真實。斯坦尼斯拉夫斯基高興地說：「從今以後，我們有了一個新的大藝術家。」

不管外界給潛意識什麼樣的定義，都不需要將它看得太複雜，只要記住：「不管你相信什麼，只要有信心，潛意識就能發揮功能，創造奇蹟。」

那麼，我們又該如何應用潛意識呢？

有位作家教導學生們創作的第一課，就是在腦海中將想要寫出的東西想像成一幅畫。潛意識也是同樣的道理，當我們將心中的願望描繪出來，並且肯定它、相信它，你就能得到它了。

只要在每天晚上睡覺前及早上剛起來時，利用幾秒鐘或者幾分鐘的時間，在腦海中描繪出自己已經達成希望的喜悅畫面。

例如，你希望能和某客戶談成一筆生意，那就想像生意談成，兩人愉快簽約、握手的畫面。

如此持之以恆，你的願望必然會在某一天突然實現。

以科學的角度來說，這是因爲人的大腦有許多地方仍處於休眠狀態，潛意識的訓練只是幫助我們開發潛能。

每個人的命運都是由自己造就出來的，是否願意控制它、改變它，全都操之在己。潛意識的運用非常重要，只要能夠好好地使用它，將會創造許多亮麗的人生風景。

從這個角度來看，一些發生在自己身上的「壞事」，都可以算是某種程度的「刺激」。只要願意接受挑戰，嘗試突破拘囿自己的瓶頸，就能開發出連自己都會嚇一跳的潛能。

心中有愛，就能跨過阻礙

受到磨難的時候，只要想到自己身上還背負著他人的命運，強烈的使命感將會幫助我們順利度過難關。

電影〈世貿中心〉中，有兩個警察被困在倒塌的建築物底下時，有這樣的幾句對話：

「威爾，你要是死了……我也死定了。知道嗎？」

「你可別睡著了，約翰！」

「不會的，謝謝你讓我活著。」

對他們來說，內出血、脫水等等處境不是對生命最大的威脅，最大的危險是失去生存的意志。

人和人都是互相依存而活著，因爲對彼此有著責任和信賴；若是其中一方放棄求生的信念，另一方也就瞬間失去了力量。

電影的最後，旁白說：「九一一事件讓我們看到眞實的人性，人性有邪惡的一面，但是也有善良的一面。人們彼此照應，不爲什麼，只因爲這是正確的事。重要的是我們該去談論這份良善，並記得，當世人目睹邪惡的同時，人性的良善也得以實現。」

英國有個女孩米歇爾．斯馬特患了嚴重的厭食症，短短幾個禮拜的時間，體重就銳減三十公斤。不管用了多少方法，病情都無法好轉，醫生甚至絕望地斷言她最多只能再活三個月，使得米歇爾幾乎放棄了求生的意志。

有一天，父母送給她一隻西伯利亞小狗，名字叫里奧。里奧來到米歇爾家後，看到主人日漸消瘦，也開始拒絕吃東西，體重很快變輕了。

這可把米歇爾急壞了，想了好多辦法要讓里奧增加體重，但里奧受了米歇爾的影響，也和主人一樣憂鬱，毫無食欲。

米歇爾心裡很清楚，要救里奧，自己必須先振作起來。因此，她下定決心，為了里奧，要帶頭增加體重。經過一番努力，米歇爾和里奧都恢復了食慾，體重開始上升。

她救了小狗，也救了自己。

不為了自己，也要為別人堅持下去的情操，其實普遍存在於我們生活的周遭，以下是另一個例子。

一個寂寞的旅人在沙漠的中心地帶迷路了，那裡是生命的禁區，四周除了黃沙，還是黃沙。他身上僅存一點點乾糧和飲用水，然而一望無際的沙漠根本找不到出口，旅人感受到深深的絕望。

這時，他發現不遠處有一隻瀕臨死亡的鳥兒。牠的翅膀無力地垂著，再不喝些水、吃點糧食就會死去。

旅人動了惻隱之心，餵了牠幾滴水和一些糧食，給了鳥兒一線生機，但牠還是沒有展翅飛翔的力氣，旅人當下決定帶著牠走出沙漠。

就這樣，他帶著牠以及僅剩無多的糧食和水，繼續在灼燒的沙漠中走著，最後終於走到了綠洲。他救了鳥兒，也救了自己。

有些人空虛、寂寞時會想養寵物，不完全是爲了打發時間或作伴。最重要的是，照顧寵物讓人有愛的責任存在，讓人必須對一個生命負責。

當米歐爾和旅人自覺對小狗和小鳥這兩個無助的生命有責任時，爲了幫助牠們，自己必須勇敢地活下去。也因爲這樣，間接幫助了自己。

「責任」聽起來雖沉重，卻很珍貴，尤其是對他人的生命負責。這種責任是互相的，以「愛」與「善」爲出發點。

當我們極力想幫助別人時，也在無形中幫助了自己。我們會因爲一個善舉、一個愛的表現，而讓心靈感到滿足。

當受到磨難，再也無法支持下去的時候，只要想到自己身上還背負著他人的命運，強烈的使命感將會帶來奇妙的力量，幫助我們順利度過難關。

不自以為是，才不會破壞好事

人們很容易陷入「自以為精明」的情況中，還沒了解情況時別輕下判斷，以免「好事」反而變成了「壞事」。

南非的德塞公園是經由國際上招標建設而成的，得標者是一家德國設計公司。建造公園的過程引起很多爭議，建成之後，市民們更是不滿意，到處挑毛病，批評的聲浪不絕於耳。

後來南非人再建另一座公園時，就不再採用外國人的意見了。二十世紀七〇年代，南非人自己動手修建了一個很大的公園——克克娜公園。

克克娜公園建好之後，南非人都非常高興，紛紛叫好。但想不到兩年後，南非人的看法卻發生了驚人的變化。

原來有一年雨季一來時，克克娜公園就被大水淹沒，德塞公園卻沒有一點雨水的痕跡。因為德國人不但在整個公園下建了水道設施，還將整座公園墊高了兩尺，這是當初人們不能理解的地方，直到大水到來，大家才恍然大悟，並為如此先知的設計感到驚奇。

南非人民在克克娜公園舉行集會時，秀麗的公園大門因為過於狹小，常讓人感到十分擁擠，甚至造成了安全事故。這時人們才想到過去對德塞公園寬闊大門給予的批評，認為自己當初很傻。

炎熱的夏季，逛克克娜公園的人們更為憤怒，因為它遮陽的地方太少，所謂的涼亭只是周圍的一些花架，根本容納不了多少人。而德塞公園納涼的亭子寬廣舒適，能容納許多人。

幾年後，克克娜公園的石板地磨損嚴重，不得不翻修。德塞公園的石板地卻堅如磐石，雨後如新。

可是，當初卻因為德塞公園的石板路投資過高，南非人差點叫負責的德國公司停工，當時的德國人非常固執，十分堅持自己的做法，毫不讓步，雙方更因此爭得臉紅脖子粗。

當地人曾一度認為，德國人做事太死板、太愚笨，不懂得靈活變通。現在看來，德國人是對的。

還有草坪，南非人認為德塞公園的草坪面積過大，有點浪費，對此也隱隱不滿。現在卻讓人覺得剛好，克克娜公園的草坪就顯得小多了。

德國人在設計時，考慮到了南非各方面的需求，包括天氣、季節、地理、環境和人口。南非人自己卻沒有顧及這些，他們竟然沒有德國人熟悉自己生活的環境與狀況。

德塞公園建完後，多年來都沒有發生大問題，克克娜公園卻不時修修補補，這些修復的錢甚至可以再建一座德塞公園了。

有人曾經問德國同行：「你們怎麼會這麼精明？」

德國人回答：「我們只是實在，並非精明。精明的倒是你們南非人。」

你的身邊是否有這種精明人？這些精明人自以爲厲害，藉著一些小伎倆和可笑的理由，就妄想掌控大局，否定他人的意見，最後搞得一團亂後，還得別人幫忙擦屁股。

現代社會中，每個孩子都是家裡的心肝寶貝，常見家長不弄清楚是非過錯，就將所有的責任推給學校和老師，搞得全校烏煙瘴氣，才回頭來問老師：「你會不會因爲這樣就不肯好好照顧我的孩子？」

雖然老師口中說不會，但是所有的老師都有一個共識，以後只要碰到這個孩子的問題，就儘量不去理會，他想怎樣就怎樣，免得惹禍上身。

老師們的做法或許很消極，也有些爭議，但也難爲他們會如此，畢竟面對無理的家長，大家只能明哲保身、自求多福。

那麼，吃虧的是誰？

當然是孩子和家長，因爲再也沒有人敢「管教」孩子不對的行爲，只能放任他自己「發展」了。

糟糕的是，這類干涉老師管理方式的家長愈來愈多，他們認爲這是爲了孩子著想的「正確」做法，卻耽誤孩子接受教誨的最佳時機。

導致這些問題發生的原因是，沒有先做到「了解別人」，就輕率做出判斷。就像南非人沒去探討德國人如此建造公園的背後動機，只有拼命批評與毀謗，等到自己建設公園時，自然無法從中得到經驗。

人們很容易陷入「自以爲精明」的情況中，我們應該時時警惕自己，還沒了解情況時別輕下判斷，以免「好事」反而變成了「壞事」。

正面思考，情況會更好

人的意念具有很大的威力，若不能用「正確」且「正面」的態度面對疾病或是困境，對自己或他人都不是件好事。

納·科頓曾說：「所謂的壞事都會在我們的負面想法之中變得更壞。」

的確，有時候我們遇到的「壞事」，或許一開始並沒有想像中那麼壞，但是只要這件「壞事」進入充滿負面想法的腦袋中，那麼，即便只是開車被開罰單，也會變成好似世界末日般的壞事，結果當然越來越糟糕。

晚上九點，醫院送進一位小病人。那是個四歲的小女孩，因為車禍，她的肋骨、骨盆腔骨折。

醫院裡沒有空的床位，孩子只能躺在擔架上。她的母親握著孩子的小手，跪在她的身邊，眼睛眨也不眨地盯著孩子蒼白的臉。

「媽媽，幫我包紮的叔叔說過幾天就好了，是不是？」

「是！」母親的臉上掛著慈愛的笑，好像很輕鬆的樣子。

「媽媽，那要過幾天？」孩子的聲音很小。

「用不了幾天，孩子。」孩子沒有說話，閉上眼睛，眼淚流了出來。

過了一會兒，孩子說：「媽媽，我好疼！」

母親彎下身子，把自己的臉貼在孩子的小臉上，擦乾孩子的淚水。當她抬起頭時，臉上依然帶著輕鬆的慈愛，笑著說：「媽媽為妳講故事好嗎？」

孩子點點頭，眼淚還是不停地流下來。

母親的故事很簡單，是關於森林裡的動物們為大象慶生的事。牠們送給大象很多珍貴的禮物，只有貧窮的小羊羞怯地講了一個笑話給大象聽。大象高興地謝謝小山羊為大家帶來歡樂，並說牠的禮物是最值得珍惜的。

孩子的眼睛亮起來，擦乾眼淚，用快活的聲音說：「媽媽，牠們有蛋糕嗎？我過生日的時候，妳是不是也會幫我買個最大的蛋糕？」

「當然要買蛋糕，等妳好了，我們就一起去買蛋糕。」母親的聲音那樣輕快，孩子也笑了。

「媽媽，再講一遍。」於是，母親一遍一遍地講下去，她的手一直握著孩子的小手，臉上掛著輕鬆且慈愛的笑容。

過了許久，女孩終於痛得忍不住了，眼淚再次流下，並輕聲嗚咽起來。

母親一邊幫孩子擦眼淚一邊問：「妳想大聲哭嗎？」

孩子點點頭。

那時已經半夜一點多，醫院裡非常安靜。

「讓媽媽陪妳一起疼好嗎？」

孩子點點頭又立刻搖了搖頭。

母親把自己的手放在女孩的唇邊說：「如果妳很疼，就咬媽媽的手。」

孩子咬住了媽媽的手，可是眼淚還是不停地流。後來，孩子終於睡著了，臉上還掛著淚水，母親這時也淚流滿面。

凌晨三點多，孩子從夢中疼醒，她叫了一聲「媽媽」，就輕輕地抽泣起來。母親說不出話來，只能輕輕地叫著：「我的孩子！」

「孩子要哭，妳就讓她大聲哭吧。」一個聲音在房間裡響起。「孩子妳哭吧。」房間裡的人齊聲說著，他們竟然是醒著的。

母親看著孩子的臉說：「想哭就哭吧，好孩子。」

「叔叔、阿姨不睡了嗎？」孩子哽咽著問，眼淚浸濕了她的頭髮。

病房裡能走動的人都來到了孩子的跟前，一個四十歲左右的婦女拿起橘子，邊剝皮邊說：「吃個橘子吧，小寶貝，吃了橘子妳就不疼了。」說著眼淚滾落在孩子的臉上。

孩子吃驚地看著她，然後伸出自己的小手去擦阿姨臉上的淚，那女人更止不住地哭泣起來：「我從來沒看到過這麼懂事的孩子……」

那一夜，大家都沒有睡，每個人都被那孩子和她母親所感動。

韓劇〈大長今〉中，長今常常告誡病患的家屬必須比病人更堅強，這樣才能帶給病患力量，幫助他早日康復。

這讓人想起東、西方對待病人的方式，以及病人表現出來的態度。

許多西方國家的觀念裡，病人並不認爲自己是「病」人，只是需要暫時休息，行動略有不便而已。

所以不管是病患還是家屬，都能用樂觀的態度面對疾病，這當然不代表他們不擔心、不關心，但是他們更相信病可以痊癒。

反觀東方人，平日就不擅長表現「關心」的民族性，一旦生了病，才能大方博取人們的同情和關懷。因此，不管大病、小病，都會弄得愁雲慘霧，全家人都戰戰兢兢地服侍「病人」。

作家紐曼曾經寫道：「所有事情的好壞，並不在事件的本身，而是每個人對事件的看法和解讀。」

因此，當你面對糟糕透頂的「壞事」時，只要能夠換個角度重新思考，那麼你將會恍然發現，這件所謂的「壞事」，其實並沒有想像中那麼壞。

人的意念具有很大的威力，若我們不能用「正確」且「正面」的態度面對疾病或是困境，對自己或他人都不是件好事。

故事中的母親深知這點，因此一直以輕鬆的態度安慰女兒。她知道只有這樣，才能眞正幫助女兒忘掉疼痛，同時也教導女兒，苦痛是人生必須面對的考驗，不能因爲自己的苦難，就影響他人。

只有觀念正確的母親，才能教出如此貼心的孩子。

小小的付出，將有意外的收穫

只是一個簡單的小動作，就可以拯救一條寶貴的生命，能夠讓人知道，壞事絕對沒有自己想的那麼壞。

《心靈雞湯》中，有一篇關於打算自殺的小男孩的故事。原本對生活心灰意冷的小男孩，因爲回家途中碰到一位同學，幫忙自己拾起掉落在地上的書本，而改變自殺的念頭。

只是一個簡單的小動作，就可以拯救一條寶貴的生命。

十九歲的伯傑是一個富商的兒子。

一天晚餐過後，伯傑坐在院子的涼亭裡欣賞深秋美妙的月色，突然看見窗外的街燈下站著一個和自己年齡相仿的年輕人，身上穿著破舊、寬大的外套，使得消瘦的他更顯得羸弱。

伯傑打開院子的門，走向那位年輕人，問他為何不畏冷風站在那裡。

年輕人帶著靦腆的神色對伯傑說：「我有一個夢想，就是擁有一座寧靜的房子，晚飯後站在窗前欣賞美妙的月色，可是這些對我來說太遙遠了。」

伯傑聽完後說：「那麼請你告訴我，離你最近的夢想是什麼？」

「我現在的夢想，就是能夠躺在一張寬敞的床上舒服地睡上一覺。」

伯傑拍了拍他的肩膀說：「朋友，今天晚上我可以讓你夢想成真。」

說完，伯傑請那位年輕人走進富麗堂皇的屋內，帶他到自己的房間，指著豪華的軟床說：「這是我的臥室，睡在這兒，保證像天堂一樣舒適。」

然後，伯傑就到離開房間，到客房休息。

第二天清晨，伯傑很早就起床了。他輕輕推開自己臥室的門，發現床上棉被疊得整整齊齊，沒有人睡過的痕跡。伯傑疑惑地走到花園裡，卻看到那個年輕人抱著自己單薄的外衣，躺在涼椅上甜甜地睡著。

伯傑叫醒他，不解地問：「你怎麼會睡在這裡，不是想躺在寬敞的床上舒服地睡覺嗎？」

年輕人笑了笑說：「你給我的這些已經足夠了，謝謝。」說完，年輕人頭也不回地走了。

三十年後的某一天，伯傑收到一封精美的請柬，一位自稱是他「三十年前的朋友」的男士邀請他參加一個湖邊度假村的落成慶典。

伯傑欣然前往。在那裡，他不僅領略了眼前典雅的建築，也見到眾多社會名流。接著，他看到了發言的莊園主人。

「今天，我首先要感謝的就是在我成功路上，第一個幫助我的人。他就是我三十年前的朋友——伯傑……」他在眾多人的掌聲中，走到伯傑面前，緊緊地擁抱他。

此時，伯傑才恍然大悟，眼前這位名聲顯赫的大亨，原來就是三十年前那位貧困的年輕人。

舉手之勞對你我來說可能只是幾秒鐘的事情，卻可能影響他人的一生。

伯傑讓年輕人在大房子裡住宿的那個夜晚，給予了年輕人日後奮鬥的勇氣和希望。當伯傑把年輕人帶進寢室的那一瞬間，讓他相信了自己的夢想一定會成眞的一天。

一句話、一個眼神、一個動作，都會讓人產生兩種完全不同的想法。人可能因爲一個輕蔑眼神而奮發圖強，也可能從此自甘墮落、一蹶不振。

可以肯定的是，溫暖的手會帶人走到陽光之下，能夠讓人知道，壞事絕對沒有自己想的那麼壞。

如果一個不經意的小動作都可以影響到陌生人，那麼對於自己親愛的家人和朋友，是否要多付出一點關懷和溫暖呢？

面對弱點，才能克服缺陷

即使是幾乎完美的人，也會有無法克服的缺陷，必須面對自己的問題，這些負面情緒或習慣絕對沒有你想的那麼糟糕。

每個人都有弱點，即使是個幾乎完美的人，也會有無法克服的缺陷，這可能是一種心理疾病、情緒長期壓抑下的個人問題。

有些看似與一般人沒有兩樣的人，背後卻隱藏讓人無法想像的負面情緒。當有一天他無法控制它時，就會一發不可收拾。

一八六七年，小說家杜斯妥也夫斯基和安娜結為伉儷。同年四月，他們出國旅行，第一站是德雷斯頓。

杜斯妥也夫斯基嗜賭的本性在那裡顯露無遺，隻身前往漢堡「試試手氣」。兩天後，他輸得一乾二淨，不但寫信要妻子送錢過來，還得當了手錶，才能籌措足夠的路費回德雷斯頓。回去後，他還整天嘮叨不停，認為自己是因為賭本不夠，所以才無法翻本。

不久，杜斯妥也夫斯基收到《俄羅斯信使》編輯部匯來的錢。於是，前往日內瓦途中在威斯巴登逗留期間，他又跑去賭博，而且將現款輸得精光。不服輸的他，還把妻子的結婚戒指、衣物送進當舖，當來的錢當然又輸得一毛也不剩。

有一次他贏了將近四千三百個塔列爾（舊時德國一種三馬克的銀幣），安娜苦苦哀求，勸告他不要再賭下去，可是他無法克制自己，又走進賭場，兩三個小時後，就把那筆錢輸掉了，只好再典當衣物。

付不起房租的夫妻倆只好搬到一處偏僻、簡陋的房子。那裡的樓下是一家打鐵舖，從早到晚爐火熊熊，鐵鎚叮叮噹噹的敲打聲不絕於耳，杜氏夫婦苦不堪言，無奈的安娜只好向母親求援。

錢匯來了，安娜費盡辦法才把丈夫弄上開往日內瓦的火車，兩人在國外生活的噩夢才告結束。

在日內瓦時，杜斯妥也夫斯基忍不住又去賭博，同樣慘敗。從賭場回來的他臉色蒼白、焦躁不安，甚至站都站不穩，精神呈現恍惚狀態。碰到再也拿不出錢去賭，又借貸無門的時候，他便陷於極端絕望之中，跪到妻子腳下放聲大哭，祈求饒恕。

賭場上的挫折破壞了這位大作家的情緒，再加上輸錢為生活帶來的困窘，使得他長期坐臥不寧，無法安心從事寫作。神經過度緊張的他還癲癇病發作，健康狀況不佳。

連安娜也感到奇怪，丈夫的一生中能夠勇敢承受那麼多不幸，如坐牢、上斷頭台、流放……為什麼卻無法控制自己的意志，讓嗜賭的狂熱吞沒整個身心，陷在賭博的泥淖中不能自拔？

安娜曾在回憶錄中寫道：「我覺得，這甚至是他的一種恥辱，是他高尚人格的缺陷。對我親愛的丈夫的這個弱點，我感到痛心和難過。」

憂鬱症、躁鬱症、強迫症……等精神方面的疾病，很多人都沒有察覺，甚至不認為自己有這方面的問題，因此從不注意照顧這類特殊情緒，而把自己和親人的生活搞得一團糟。

導致精神壓力的元素太多，但很多都是能預防、改善的。最重要的是，必須面對自己的問題，尋求正當的求助和發洩管道，讓家人和朋友知道這件事，請他們當你的支柱，才不會影響到往後的人生。

賭博、炒股票、暴飲暴食、購物狂、極度興奮和憂鬱、突然暴怒……等等行為，都是身體出現問題的徵兆，可能是精神或生理上發生問題。

如果有一天你發現自己哪裡不對勁，不要太恐慌或置之不理。仔細分析自己的情況後，再決定尋求何種專業管道幫助自己，這些負面情緒或習慣絕對沒有你想的那麼糟糕。

興趣，使生命更有意義

只要有了衷心喜愛的興趣，不管人生得遭受多少挫折，都不會影響你對生命的熱情，因為興趣使你的生活更有意義。

常聽到很多人退休之後，就失去生活的目標，不僅老化得特別快，還容易出現老年失智的傾向。這是年紀大了之後普遍會遭遇到的問題，甚至可以從一個人年輕時就看出端倪。

回想一下，自己除了上班之外，有沒有特別的娛樂或興趣？還是到了假日只能坐在電視機前面發呆，無聊的時候只能睡覺、看電視？

諾曼．卡曾斯寫的《一個病理的解剖》一書中，描述了一個關於上世紀最偉大的大提琴家卡薩爾斯的故事。

他們在卡薩爾斯九十大壽前不久見過面。

據卡曾斯描述，他實在不忍心看那老人過的日子，他是那麼衰老，加上患有嚴重的關節炎，得讓人協助才有辦法穿衣服。

呼吸對他而言是那麼費勁，看得出患有肺氣腫；走起路來顫顫巍巍，頭不時地往下顛；雙手有些腫脹，十根手指像雞爪般彎曲著。

從外表看來，他真的是老態龍鍾。

就在吃早餐前，卡薩爾斯貼近鋼琴，那是他擅長的樂器之一。他很吃力地坐上鋼琴凳，顫抖地把那腫脹的手指抬到琴鍵上。

霎時，神奇的事發生了。

卡薩爾斯突然像完全變了個人似的，透出飛揚的神采，隨著他的彈奏，身體也跟著律動起來，彷彿是一位健康、強壯、柔軟的鋼琴家。

他的手指緩緩地舒展移向琴鍵，好像迎向陽光的樹枝嫩芽，他的背脊直挺起來，呼吸也似乎順暢多了。

彈奏鋼琴的念頭，完全改變了他的心理和生理狀態。當他彈奏巴哈的一首名曲時，是那麼純熟靈巧，絲絲入扣。當他彈奏勃拉姆斯的協奏曲時，手指在琴鍵上像游魚似地輕快滑動。

卡曾斯寫道：「他整個身子像被音樂溶解，不再僵直佝僂，取而代之的是柔軟和優雅，不再為關節炎所苦。」

當卡薩爾斯演奏完畢，離座而起之時，站得更挺，看得更高，走起路來也不再拖著地。他輕快地走向餐桌，大口地吃著早餐，然後走出家門，在海灘的清風中漫步。

由於卡薩爾斯熱愛音樂，音樂的力量也爲他的人生注入生命力，讓他每一天都能有個美麗的開始。

音樂是他的信念，也是他的興趣，更是他活下去的支柱。

培養自己的興趣很重要，或許現在身邊有朋友、伴侶、孩子的陪伴，不至於讓你覺得無聊，可是總有一天，朋友有自己的家庭，伴侶可能比你早一步辭世，孩子會長大、離家。如果你只能倚靠身邊的人來度過無聊時間，那是一件很危險的事。

培養多種興趣能讓你的生活過得更精采，讓你的人生有多一點選擇，不受生理與外力的影響，更能從中發覺自己的潛力。

只要有了衷心喜愛的興趣，不管人生得遭受多少挫折，都不會影響你對生命的熱情，因爲興趣使你的生活更有意義，遇到的任何壞事都不是壞事。

與其終身遺憾，不如盡力改善

過去是無法改變的，能做的只有接受現在，改善未來。把該流的淚水一次宣洩而出，別讓遺憾陪你度過往後日子。

每個人都會犯錯，這些錯誤當中，可能有一個錯誤會造成一輩子的遺憾，爲此必須忍受痛苦，無法踏實地過日子，幾乎放棄了往後的人生。這是多麼可悲的一件事啊！

如果你也正爲自己的過錯而受到折磨，不妨找個可以讓自己安心的出口，想想下一步該怎麼做。

一位老乞丐獨自在山谷中挖隧道，已經挖了十年的歲月。

有一天，一個年輕人突然現身在山谷中，手上拿著一把亮晃晃的彎刀，一個跨步將它架在老乞丐的脖子上。

老乞丐長長地嘆了一口氣，鎮定地對年輕人說：「你終於來了，我知道你早晚會來找我的。」

年輕人兩眼血紅，憤怒地說：「十五年了，你以為躲到這深山裡，我就找不到了嗎？殺父之仇，不共戴天！現在，你還有什麼話要說？」

老乞丐垂下頭，溫和地說：「我罪有應得，無話可說。但是，只求你一件事，請等我把隧道挖通後再殺我。」

年輕人冷笑說：「這又是為了什麼？」

老乞丐語重心長地說：「當年，我殺了你的父親，你母親也因此而自殺。你母親死後，我深感罪孽深重、悔恨交加，立志要做一件大善事彌補我的罪孽。你看見了，這座懸崖阻斷了山後這個小鎮的出路，人們來往，得從懸崖上經過，既費時費力又危險，還摔死過不少人。因此，我決心在崖下挖一條隧道，供人們行走。我已經挖了十年，再過兩年就可以挖通了。」

年輕人說：「這樣一來，我不是還要等兩年才能殺死你？」

老乞丐說：「你已經等了十五年了，再等兩年又何妨？讓我做完了這件事，也是一件大功德啊！」

年輕人想了想，同意了。

老乞丐自知時日不多，更加勤奮地挖隧道。渴了，喝口清泉；餓了，吃個野果；體力實在不支時，才去鎮上討點糧食。

漸漸地，年輕人對他的頑強意志產生了敬佩之情。他年輕力壯又閒著無事，就幫著老乞丐運土抬石。

那天，他見老乞丐累得氣喘吁吁，就要接過鋤頭來挖土。老乞丐指著他的彎刀笑道：「君子善於利用器具，這把刀用來挖土也無不可。」

年輕人一試果然能用，於是便以刀為鋤，幫著老乞丐挖土。

有一天晚上，年輕人被一條毒蛇咬傷腳趾，昏迷不醒，老乞丐用嘴吸出毒血，敷上草藥，細心照顧他。兩天後年輕人才醒過來，不解地問：「你為什麼不趁機殺了我？」

老乞丐笑了：「殺了你，誰來為你父親報仇？」

有了年輕人的幫助，隧道提前一年挖通了。老乞丐盤膝坐在洞口，微笑著閉上眼睛說：「動手吧，孩子，為你父親報仇的時間到了。」

年輕人遲疑地舉起了彎刀，可是他的彎刀已經被磨成了一根沒有刃口的鐵條。年輕人突然扔下彎刀，伏地痛哭。

老乞丐睜開眼問：「孩子，這一天你等了十六年，怎麼還不動手？」

「你是我的老師，學生怎麼能殺死自己的老師呢？」年輕人哭著說。

電影〈蝴蝶效應〉裡，男主角一次又一次回到過去，在企圖改變人生的過程中，也爲未來帶來了後遺症。

過去是無法改變的，我們能做的只有接受現在，改善未來。

無論傷口有多痛、後悔有多深，總會有個出口讓自己感到自在，可以休息，然後彌補過錯，重新開始。

老乞丐沒有逃避自己曾經殺人的事實，也因爲這樣，他才有機會感動一顆年輕的心。

他悔恨當年殺人之過，因此決心奉獻生命挖通隧道，爲世人造福。他的作爲雖然喚不回被殺害的兩條寶貴性命，卻換來更多生命安全的保障。更可貴的是，他的行爲挽救了另一個年輕生命。

如果年輕人殺了老乞丐報仇，不管理由如何，他的雙手將沾上血腥，一生也會背負著殺人的罪過，青春美好的生命必將蒙塵。

把該流的淚水一次宣洩而出，別讓遺憾陪你度過往後日子。哭夠了，就擦乾眼淚重新出發吧！

你和其他人一樣重要

不管你喜不喜歡自己現在的地位，你都要知道：你是無可取代的！沒有人比你更適合這個位置，也沒有人會做得比你更好！

人生有太多的可能，當你懷疑自己的價值時，請不要用成就來論英雄。成就只是人生很小的一部分而已，沒有成就的人，一樣可以很有用！

兩個老朋友闊別多年之後，再度相見。其中一個對另外一個說：「算一算，我們也有二十多年沒有見面了，你的兒子都長大了吧！我聽說他們三個都很有出息，我看你啊，是晚福享不盡囉！」

「呵呵呵……」老父親的臉上，滿是得意的神色，「是啊，我三個兒子都很能幹，我的大兒子是個音樂家，忙著在世界各地巡迴表演，一年當中有一半的時間都在國外。我的二兒子更不得了，在美國太空總署工作，你知道，華人要能進到那裡工作，是很不容易的！」

「哇！真厲害！那老三呢？老三一定更了不起吧！」

「老三啊，老三在工地工作，是個水泥工。」

「喔？這樣啊……」朋友的臉上露出了尷尬的神色，不知道該做何反應。和兩個哥哥比較起來，老三的成就實在差太多了。

然而，這個父親卻驕傲地說：「我這三個兒子，老三最了不起了，他的兩個哥哥都志在四方，只有他願意留在父母的身邊。如果沒有他的話，就沒有人照顧我和我老伴兒了。」

人生的成就與價值，不能光看單一的面向，也無法從短時間來衡量。你之所以會處於你現在的位置，一定有你存在的意義與目的。

也許在你的周遭，有人正需要你的幫助，也許不久的將來，你會在同樣的環境中發揮關鍵性的作用。

不管你喜不喜歡自己現在的地位，你都要知道：你是無可取代的！沒有人比你更適合這個位置，也沒有人會做得比你更好，你和你所羨慕的任何一個人都一樣的重要！

誠然，我們經常會因爲身邊的人亮眼的成績而感到自卑，也有很多成就不如手足的人一輩子活在兄弟姊妹的陰影之下。

然而，你沒有那樣的高成就並不是你的錯，那也不應該成爲你人生的缺憾。你沒有那樣的成就，是因爲你的人生有其他更重要的任務與目的，而且，這份任務只有你才能做得到！

PART 7

換個角度，改變生活態度

並不是所有心願都能實現，但只要換個角度想，就會發現「壞事」說不定都是「好事」。

成功的必要條件是努力，不是學歷

真正的學習從離開學校開始。無論如何，都得繼續努力吸收新知，才有能力在社會上立足。

曾聽在某間知名醫院工作的人說，要看醫生千萬別到那家醫院，因爲在那裡病是醫不好的。

可是很矛盾的是，即使知道實情的他們，還是認爲只有從那間學校畢業的人才是高人一等，這就是大多數人對學歷和文憑的迷思。

阿爾伯特·霍布代爾是格雷大街中學的校工，儘管薪水每週只有五英鎊，他還是很盡責，總是把校園收拾得乾淨整齊。

某一年，老校長退休了，來了一個叫約翰遜的新校長，才上任不久，就宣佈全體員工必須每天簽到。

阿爾伯特因為不會寫自己的名字，被新校長趕出校園。

阿爾伯特在這個最倒楣的日子裡，提醒自己要買半磅熱狗回家。猛然，他打了個冷顫，想起熱狗店的老闆威格絲太太前天才過世。

「真該死，為什麼這麼大一個社區沒有第二家熱狗店呢？」阿爾伯特的情緒壞到了極點。突然，一個念頭閃進他的腦子：為何不自己開一家呢？

他興奮得把失業的煩惱拋到九霄雲外。一星期後，熱狗店重新開張，阿爾伯特做了老闆。

雖然生意不錯，阿爾伯特卻想：「如果賣熟熱狗應該不錯。」

於是，他一早就把熱氣騰騰的熱狗端出去。在天冷多霧的十一月，熱狗誘人的香味，吸引一批又一批顧客。

為了應付店前大排長龍的情況，阿爾伯特想出新點子：把熱狗夾在半切開的麵包裡，串在竹籤子上賣。這種早餐經濟又方便，一推出就大受歡迎。

阿爾伯特一個月內連僱了兩個幫手，仍然忙不過來。他靈機一動，找了個孩子，讓他騎著三輪車到街頭兜售，這樣果然減輕了店門前擁擠的情況，生意也愈做愈大。

「霍布代爾熱狗」的名聲打響之後，他的小吃館變成了大飯店，還開了兩家分店。為了保證貨源，他開始自己製作熱狗，不再依賴批發商。

到了夏天，阿爾伯特想，既然天熱，大家不願下廚，也不願擠飯館，何不把香腸煮熟晾涼，然後把涼香腸送上家門呢？

這個手法讓夏季的銷售量比冬季還要多！

五年後，曼徹斯特大街小巷都可以看到叫賣熱狗的小推車。又過了幾年，連最繁華的大街上，也有了「霍布代爾香腸店」的分店。

隨著事業發展，阿爾伯特認為有必要提高工人的技術水準，便申請創建一所「熱狗製作技術學校」，他的想法得到了學區教委的大力支持。

不久，副校長打電話給阿爾伯特說：「『霍布代爾香腸製作技術學校』將開學，想請董事長題寫校名。」

阿爾伯特啞然失笑，回答說：「副校長先生，真對不起，還是請你們找一位代勞吧，我寫不好。」

副校長有點不悅地說：「霍布代爾先生，不要推辭了，像您這樣有成就的企業家，不是出自『劍橋』、『牛津』，就是在國外深造過。生意再忙，寫幾個字還是抽得出時間吧？」

阿爾伯特只好具實以告：「副校長先生，我真的寫不好。說來也許您不相信，十多年前我還是個工人，既不會寫，也不會讀，就連自己的名字也是經商以後才學會寫的。」

副校長不敢相信自己的耳朵，在電話那頭沉默了好一陣子，最後說：「霍布代爾先生，您真了不起，在沒有受過正規教育的條件下，竟然做出這樣一番大事業。若您十年前就能讀會寫，那今天又該是怎樣的人呢？」

阿爾伯特放聲大笑：「格雷大街中學的校工！一週掙五英鎊，先生！」

「啊！」電話裡傳來一聲驚呼，原來，那副校長不是別人，正是當年把阿爾伯特趕出校門的約翰遜先生。

相信很多人都吃過學歷和文憑的苦，即使自己能力不差，卻連第一個門檻也跨不過去。文憑一直是人生路上的關卡，工作要看它，交友要看它，選擇嫁娶對象更要看它。

可是它不一定代表相當能力，又或者它只是一個「虛榮」的表象？阿爾伯特．霍布代爾先生不因爲自己是個文盲就放棄自己，他的成功說明了很多實業方面的操縱，需要的是生活的知識和經驗，學校的教育只是輔助，未來的發展還是要靠自己。

學歷和文憑代表的是，你接受過一定程度的教育，擁有一定程度的能力。但是，眞正的學習，卻是從離開學校開始。

只要肯努力，即使沒有那張「紙」，也不見得是壞事。因爲，無論如何，都得繼續努力吸收新知，才有能力在社會上立足。

埋頭往前衝，不見得會成功

在這個求快、求變的年代，只跟著大家往前衝是不夠的，即使衝得再快，和你同時抵達終點的人還有一堆。

當問題出現時，我們往往尋求最快速的解決辦法，一心只想著快點把煩心的事情解決掉，不去深究其中的學問和原理。

正因爲這樣，大部分的人都只能是平凡人。

一九二一年，印度科學家拉曼在英國皇家學會發表聲學與光學的研究報告，然後取道地中海乘船回國。當他在甲板上漫步時，人群中一對印度母子的對話引起了拉曼的注意。

「媽媽，這個大海叫什麼名字？」

「地中海！」

「為什麼叫地中海？」

「因為它夾在歐亞大陸和非洲大陸之間。」

「那它為什麼是藍色的呢？」

年輕的母親一時語塞，求助的目光正好遇上了站在一旁饒富興味傾聽他們談話的拉曼。

拉曼告訴男孩：「海水之所以呈現藍色，是因為反射了天空的顏色。」

在此之前，幾乎所有的人都認可這個解釋，它出自英國物理學家瑞利勳爵的研究。這位以發現惰性氣體聞名於世的大科學家，曾用太陽光被大氣分子散射的理論，解釋過天空的顏色，並由此進一步推斷，海水的藍色是反射了天空的顏色所致。

但不知為什麼，告別了那對母子之後，拉曼總對自己的解釋心存疑惑，那個充滿好奇心的稚童，那雙求知的大眼睛，那些源源不斷湧現出來的「為什麼」，使拉曼深感愧疚。

作為一名訓練有素的科學家，他發現自己在不知不覺中喪失了男孩那種到所有的「已知」中去追求「未知」的好奇心，不禁為之一震！

拉曼回到加爾各答後，立即著手研究海水為什麼是藍的，發現瑞利的解釋實驗證據不足，令人難以信服，決心重新進行研究。

他從光線散射與水分子相互作用入手，運用愛因斯坦等人的漲落理論，獲得了光線穿過淨水、冰塊及其他材料時散射現象的充分數據，證明出水分子對光線的散射和海水顯出藍色的原因，與大氣分子散射太陽光而使天空呈現藍色的理論完全相同。

進而又在固體、液體和氣體中，分別發現了一種普遍存在的光散射效應，人們統稱為「拉曼效應」，為二十世紀初科學界最終接受光的粒子性學說提供了有力的證據。

一九三〇年，地中海輪船上那個男孩的問號，把拉曼領上了諾貝爾物理學獎的獎台，成為印度也是亞洲歷史上，第一個獲得此項殊榮的科學家。

有成就的人，大都喜歡思考，經常問「爲什麼」，而且對於別人提出的問題也非常關注。

當你想跳到下一個步驟時，他可能還停在上個問題當中思考；你覺得他很無聊、愛鑽牛角尖、沒有效率的同時，他的腦袋裡或許正在構思一個可以獲得諾貝爾獎，甚至足以改變整個世界的小細節。

很多科學家、發明家、成功者，都有這樣的傾向。

在這個求快、求變，講究簡潔有力的年代，只跟著大家一個勁地往前衝是不夠的，即使衝得再快，和你同時抵達終點的人還有一大堆。

那些在後面慢慢走的人未必一事無成，一時落後領先集團也不見得是壞事，因爲，正好能夠仔細研究前人留下的腳印，思考該怎樣才能在下一次的比賽拔得頭籌。

接受各種笑和痛，人生才完整

想要擁有屬於自己的人生，就得進入生活中，體會所有的酸甜苦辣，不因為遇到壞事而放棄，不因為碰到好事而自滿。

林肯身為總統，卻從不利用職權謀取私利。

他剛就任總統時，一家新開張的銀行送他一筆股金，但他婉言謝絕說：「總統是人民之主，不應從他的地位取得好處。」

林肯常常如此提醒、告誡自己：「要與人民保持密切的接觸，只有他們才是永遠正確的。」

他多次提出：「危急關頭，能拯救我們的不是船長，而是全體船員；不是亞伯拉罕．林肯，而是總統寶座後的整個美利堅民族的人民。」

一次溯江視察中，他與船員一一握手，一位加煤工靦腆地縮著手說：「總統，我的手太髒了，不便與你握手。」

林肯爽朗地大笑道：「把手伸過來吧！你的手是為聯邦加煤弄黑的。」一句話把大家都逗笑了。

林肯是第一個向黑人開放白宮的總統，就在他遇害前夕，還在百忙中熱情接待了一位黑人老先生，誠懇的態度讓老人感動落淚。

林肯雖身為總統，卻始終把自己看成人民的公僕。

他親自送愛子羅伯特上前線，他的妻子捨不得，擔心孩子一去不返。林肯則耐心勸妻子：「全國多少可憐的母親都能忍痛送走他們的兒子，甚至永遠失去了他們，我們為什麼就付不出這種代價呢？」

他甚至還親筆寫信要部隊「將羅伯特當作一個普通的美國公民看待，不要讓他當軍官」。

林肯的偉大人格，贏得了美國人民的尊敬和愛戴。

一八六五年四月，他遇刺身亡的噩耗傳出後，美國人民沉浸在深深的哀悼中，為他送殯的人超過了七百萬。

一位美國人形容得很好，他說：「如果林肯是一棵巨大的橡樹，那就是人民用水澆灌了他。」

林肯有句口頭禪：「如果我自己的力量不足，至少我將求助於人民群眾，只有他們才永遠不會失敗。」

一個國家的運作要順利，如同一個家庭中的每一位成員都必須互相扶持、幫助，缺一不可。

總統，只是國家中的一個小螺絲釘，受命於其他小螺絲釘，站在前線帶領大家。因此，「總統是人民的公僕」是非常貼切的比喻。

林肯之所以讓美國人懷念，是因爲他能體會民心、深入人群，他知道大家有什麼需求和心願。他能體會勞動者的辛苦、母親將兒子送上戰場的不捨、黑人面對種族歧視的辛酸……

林肯的精神更教育著我們，生活是必須去體驗和接觸的，而不是只站在一旁觀望、空想。

我們想要擁有屬於自己的人生，就得進入生活中，體會所有的酸甜苦辣，不因為遇到壞事而放棄，不因為碰到好事而自滿。有歡笑和淚水、有快樂和傷悲，才是完整的人生。

換個角度，改變生活態度

並不是所有心願都能實現，但只要換個角度想，就會發現「壞事」說不定都是「好事」。

某個命理節目的大師曾就八字分析哪種人的生活會過得比較坎坷。大師提到，有一種人會過得不愉快、不順遂的原因是，他只想著要過「某」種生活，無法實現時，就感到痛苦萬分。

最好的解決辦法，就是改變自己的想法，別執著於過去的夢想。

當阿倫還是個孩子時，夢想住在有著花園的大房子裡；娶一個美麗善良的太太，她有烏黑的長髮和碧藍的眼睛，她的琴聲美妙、歌聲悠揚；有三個健壯的兒子，他們長大之後，一個是傑出的科學家，一個是參議員，最小的兒子要成為橄欖球隊員。

他自己要當一名探險家，登上高山、越過海洋去拯救人類；擁有一輛紅色的法拉利跑車，千萬不要為了衣食辛苦奔波。

可是有一天，阿倫在玩橄欖球時，膝蓋受傷了。他再也不能登山，不能到海上航行，於是開始研究市場銷售，成為一名醫藥推銷商。

後來，他和一位漂亮善良的女孩結了婚。她的確有一頭烏黑的長髮，不過眼睛是棕色的；她不會彈琴，也不會唱歌，卻能做美味的中國菜，她畫的花鳥更是栩栩如生。

為了經商，阿倫住進城中一座高樓裡。在那兒，他可以俯看蔚藍的大海和城市的夜景。他沒有花園，不過養了一隻惹人喜愛的小貓。

他有三個非常漂亮的女兒，但幼女因為一場大病，只能坐在輪椅上。他的女兒們都很愛他，但不能和他一起玩橄欖球。

為了使生活過得舒適，阿倫努力工作，賺了很多錢，卻還是沒能開上紅色的法拉利跑車。

一天早晨，阿倫醒來，回憶起兒時的夢想。

「我真是太不幸了。」他對最要好的朋友說。

「為什麼？」朋友問。

「因為我的妻子和夢想中不一樣。」

「你的妻子既漂亮又賢慧，她的畫能感動人，又能做美味的菜餚。」

阿倫對此卻不以為然。

「我真是太傷心了。」有一天，他對妻子說。

「為什麼？」妻子問。

「我夢想住在有花園的大房裡，現在卻只能住在十八層高的公寓。」

「可是我們的房子能看見大海，我們生活在歡樂中，更不用說我們還有三個漂亮的孩子。」

但阿倫聽不進去。

「我實在是太悲傷了。」他對他的醫生客戶說。

「為什麼？」醫生問。

「我曾夢想成為一名偉大的探險家，現在卻成了一個禿頂商人，而且膝蓋還有殘疾。」

「可是你提供的藥品挽救了許多人的生命。」

阿倫對此卻無動於衷。

「我簡直太不幸了。」他對他的會計說。

「怎麼回事？」會計問。

「我希望自己開著一輛紅色的法拉利跑車，而且沒有生活負擔。可是現在，我卻只能搭公車，還要被迫去工作賺錢。」

「可你卻衣著華麗、飲食精緻，而且還能去歐洲旅行。」

阿倫沒有在聽。

「我的確是太不幸了。」他對他的牧師說。

「為了什麼？」牧師問。

「我夢想有三個兒子，卻成了三個女兒，最小的那個甚至不能走路。」

「但是你的女兒個個聰明又漂亮，她們都很愛你，而且都有很好的工作。一個是護士，一個是藝術家，小女兒則是一名兒童音樂教師。」

但是阿倫一樣聽不進去。

極度的悲傷終於使他病倒了。一天夜裡，他無法入睡，便躺在黑暗中思考，天亮時，他終於決定重新做一個夢。

從此，他的生活充滿了陽光。

故事中的藥商擁有的已經比一般人好上太多，但是他只看到自己缺少的部分，因此無法享受現有的幸福，直到生了一場大病後，才恍然大悟。

每個人都得朝著自己想要的生活前進，可是並不是所有心願都能實現。

你可能希望一個月能賺數十萬塊、住在大房子、年年出國度假、有個一百分的伴侶、聽話優秀的孩子、沒有經濟上的困擾。

可是，真實世界中的你每個月只能領三萬塊、租小公寓住，另一半也不是心目中的白馬王子、白雪公主，想要生個女孩卻只有吵鬧的男孩，每天還得爲了三餐奔波。

即使現實與夢想不同，很多人還是覺得幸福快樂，因爲已經擁有一切，即使等級上有點差別又何妨？

只要換個角度想，也許你就會發現，自己以爲的「壞事」，在別人眼中說不定都是「好事」。

重新再做一個夢，你將會快樂許多，人生也會更有意義。

不起眼的東西，也能帶來良機

許多建議即使現在用不到，不代表以後不需要，這些都是別人經驗的累積。生活處處可見上帝，時時都在給我們機會。

不要忽視了學習、工作、生活中那些「看起來不起眼」，或「看似一文不值」的「小鐵釘」。

當手中的「小鐵釘」累積太多的時候，別以爲它們起不了作用就一無是處，在關鍵時刻，它們可能價值連城。

有一對以拾荒為生的孿生兄弟，天天對著星星和月亮許願，希望哪天能夠發大財。上帝因為他們的每一個願望都與發財有關而注意到他們。

一天，兄弟倆照舊從家裡出發，沿著街邊撿破爛。可是一路走去，一條偌大的街道彷彿經過一番大掃除般，連平日最微小的垃圾都不見了蹤影，唯一剩下的就是零零散散、東一個西一個躺在地上的小鐵釘。

兩三個小鐵釘能值幾個錢？老二不屑一顧地直直走過去，可是老大卻停下腳步，不嫌棄地一一彎腰拾了起來。

從街頭撿到街尾，老大撿的鐵釘可以裝滿整整一個臉盆。

看著老大的動作，老二若有所思，也停下腳步想要回頭去撿，可是路上的小鐵釘，一個都不剩了。

忽然，兄弟同時發現街尾新開了一家收購店，門口掛著的招牌寫著：本店急收舊鐵釘，一枚一元。

老二後悔得捶胸頓足，老大則用小鐵釘換回了一大筆錢。

這時，一位白髮蒼蒼的店主走近站在街上發楞的老二，問道：「孩子，同一條路上，難道你連一根鐵釘也沒看到嗎？」

老二沮喪地說：「我當然看到了。可是那些鐵釘並不起眼，沒想到竟然這麼值錢。等到我知道它們很有用時，那些可惡的傢伙卻全部消失了。」

「孩子，上帝時時刻刻在你們身邊。小小的鐵釘看似一文不值，可是在關鍵時刻，它可是價值連城啊！不善積累的孩子得不到財富，不是上帝不給你機會。」話剛說完，老者像風一樣地飄走了。

「小鐵釘」指的不一定是具體的物品，它可能是一個機會、一項技能，甚至是一句話。

日常生活中，我們時常有機會得到他人的建議。可能只是上市場買個菜，老闆就熱心地告訴你，把豬腳燉得入味且熟透的秘方；碰到出來倒垃圾的鄰居，他會告訴你社區最近回饋住戶的小活動；坐公車時，也能聽見隔壁座位的太太小姐討論減肥的方式。

許多建議即使現在用不到，不代表以後不需要，這些都是別人經驗的累積。如果別人告訴你哪裡會跌倒、撞傷，經過時就能注意小心。

生活處處可見上帝，時時都在提醒我們、給我們機會，能注意到的人就能抓住這根「小鐵釘」。

不過，別忘了人是「健忘」的動物，很多時候一個不小心，「小鐵釘」就會從手掌的空隙滑落。

最好學聰明點，像雙胞胎的大哥一樣，找個「容器」把鐵釘裝起來。可能是紙筆、錄音機、小記號……等等，只要能在忘記時提醒自己，就能確實發揮「小鐵釘」的價值。

面對責任，才是了不起的人

有些人選擇掩蓋事實，有的人能坦然面對。不推卸責任，能夠承認失敗，才是真正了不起的人。

螢光幕上光鮮亮麗的名人，總是竭盡所能維持自己良好的形象，他們的私生活就成爲大家注目的焦點。

然而，每個家庭都有一本難唸的經，難道名人的家庭就應該是完美至極，毫無缺陷的嗎？

從生活現實面來看，這些公眾人物並非沒有缺點，只是隱藏在某個我們看不到的地方。

有些人選擇掩蓋事實，有的人能坦然面對。

他是個政治人物，對他來說，聲譽或許比生命更重要，但是他卻可以忍受弟弟帶給他的傷害。

每當記者採訪時，弟弟常會說出驚人之語，讓記者目瞪口呆，他只是站在一旁，淺淺微笑著。

他參加美國總統大選時，記者時常圍繞在他的身旁。有一次，弟弟竟然當著一堆記者的面撒起尿來。

他知道弟弟的行為後，問道：「這是真的嗎？」

人們再三保證這是真的，還讓他看了這段難堪的畫面，他平靜地說：「也許那個地方真的沒有廁所，總比撒到褲子上好吧？」

很少有一個哥哥能如此寬容地忍受讓他出醜的弟弟，但是他做到了。他的名字是卡特，美國第三十九任總統。

他的弟弟比利．卡特是一個行為放蕩、口無遮攔的人，所作所為都讓身為總統的哥哥出醜。

這樣的行為媒體記者欣喜若狂，他們最需要的就是可以炒作的新聞。他們希望比利把卡特，包括他們的家庭批駁得體無完膚，比利也正在這樣做。

四年後，卡特競選連任。

反對黨開始拿比利・卡特的胡言亂語以及放蕩行為來影射卡特。這些重重地影響了卡特的支持率，使他失去了四十四個州的選票。這樣的敗績在美國歷屆總統競選中並不多見。

卡特的政治生命從此終結。

有人問他會不會恨自己的弟弟，卡特只是說：「如果是一個州的失利，也許我會恨。但現在是四十四個州，他不能承受那麼多責任。」

或許人類的天性都喜歡看別人的笑話，從別人的醜態中獲取快感。但是換個角度想，能妥善處理問題、控制情緒的人，不也是個優秀的人嗎？

和一個說盡謊話掩飾家醜的名人比較之下，後來獲得諾貝爾和平獎的卡特的精神更讓人佩服。他對弟弟的包容，是一種愛、一種寬容的表現。

他當然也有七情六慾，對於弟弟所犯的過錯會有不滿，但是，他更考慮到弟弟所能承受的責任，寧可自己多擔待一些。

莫里哀曾經說過：「我們所應對之負責的，不僅是我們要做的事情，也包括我們不做的事情。」

不推卸責任，能夠承認失敗，才是眞正了不起的人。這樣的人不論碰到任何壞事，都能以達觀的心情化解。

遇到危險，要能隨機應變

當規則不適用於當時的狀況時，就必須視情況做反應。能隨機應變，才不會發生更壞的事。

「規定」是人制定的，當然也有緩衝的空間，不用被它綁得死死地。

比方交通規則規定我們不能闖紅燈，可是當你正處於十分危急狀態，來不及煞車，一停下來就會被後面來車追撞，而且沒有其他閃避空間的時候，應該怎麼辦？

當然是闖過去囉！

就算被罰款又如何？生命安全才是重點。

指揮官教導飛行員，無論碰到什麼狀況，都要成隊飛行，堅決服從隊長的命令，不可以有任何選擇的餘地。

有一次，漢德聽到一位年輕的飛行員問指揮官：「如果領航的飛機撞上山崖該怎麼辦？」

指揮官聽了這話只是稍加思索，然後回答：「我情願在山壁上看到四個一字排開的洞。」

這就是指揮官的原則。指揮官的話和一次次嚴格的隊形訓練，深深地刻在漢德的腦海深處。

在一次飛行中，漢德和同伴排成一字型縱隊，他排在第三位。一字型縱隊要求第二架飛機與領航機的右翼間距至少六英尺，第三架的左翼和第二架飛機右翼也是六英尺。

他們在暴風雪中飛回基地，儘管氣流干擾，他們仍以五百英里的時速保持著優美的隊形。

正當漢德集中精神飛行時，領航機的駕駛看見下面的雲層間有空隙，於是開始迅速迫降。

過去的領航機駕駛經驗告訴他，過不久將會有更惡劣的天氣，因此急呼指揮中心取消原來的飛行計劃。

取消飛行計劃，意味著飛行中心不再進行監控，飛行的路線完全交由飛行員自己控制。

他們的領航是一位相當有自信的指揮官，對穿破雲層安全著陸很有把握。當他發現雲層中的洞居然是一個「黑洞」時十分驚訝，這意味著更惡劣的天氣會緊隨其後。

那一刻，飛行員的心裡只有一句老話：聽天由命吧！

他們盡可能保持隊形飛行，但由於沒有任何指示，他們都有些暈頭轉向，就像置身於調酒器中。

當他們衝進厚厚的雲層裡時，漢德看不到另外兩架飛機，視野非常有限，四周茫茫一片。然而，他們的距離始終如故，作為一名飛行員，要不惜一切代價保證精確飛行。

飛機在漢德的視線中忽隱忽現，接著他看到領航機和第二架飛機座艙蓋間距大約六英尺左右。

在這樣的緊急關頭，兩架飛機不相撞已經是奇蹟。漢德決定打破常規，按自己的方式行事：「讓規則見鬼去吧。」他咒罵了一聲便將飛機拉起，脫離隊伍。

天氣是如此惡劣。大約一個半小時後，漢德才看到了領航機，他下飛機後第一件事，就是到俱樂部喝掉一瓶烈酒。

他們都躲過了一場空難，儘管受過最嚴格的隊形訓練，還是讓他們經歷一場生死之戰。

能將天賦、知識，和閱歷三者融合在一起，才是一個好的飛行員。

除了不斷地訓練和飛行的經驗外，更需要有自行判斷的反應。在危急時刻，只有天賦和求生本能才能帶領他們走出死亡線，避免成爲隊列飛行和數百萬美元飛機的犧牲品。

規則的存在是爲了讓人們更安全，當這項規則不夠人性化，或者不適用於當時的狀況時，就必須視情況做反應，千萬別傻傻地讓規定害死。能隨機應變，才不會發生更壞的事。

被罰款、指責、處罰都只是小事，人身安全才是大事。生命只有一條，每個人都必須好好愛惜。

站在制高點，才能看得遠

若想擁有更大的天空、更寬廣的視野，就必須讓自己往高處爬，才能讓自己跨出原地，產生邁向另一個新領域的勇氣。

多年前，小吳大學剛畢業的時候，到一個偏遠的林區小鎮當教師。由於地處偏遠，當地的生活水準並不高，學校的設備和資金都嚴重不足。

從城市前去任教的小吳其實擁有不少優勢，他的見識廣，教學能力不錯，還擅長寫作，是個非常受歡迎的老師。

可是，小吳過得一點也不開心，他每天抱怨命運不公平，羨慕那些到大城市任教的同學，更嚮往棄教從商的生活。

由於這樣的念頭與日俱增，他慢慢對工作失去了熱情，連自己喜愛的寫作也沒興趣了，只是一天到晚琢磨著該如何離開，幻想有機會調到一個好的工作環境，並且有優厚的報酬。

就這樣兩年時間匆匆過去了，小吳的教學工作混得一塌糊塗，寫作上也沒有任何收穫。那段時間裡，他試著和幾個公司行號聯繫，但沒有任何企業願意接納他，不是沒有缺額就是直接拒絕。

直到有一天，一件微不足道的小事，改變了小吳一直想改變的命運。

那天，學校操場舉辦社區運動會，在文化活動極其貧乏的小鎮裡，無疑是件大事。因為前來觀看的人特別多，小小操場的四周很快圍出一道密不透風的環形人牆。

小吳那天到得晚，站在一堵人牆後面，再怎麼墊起腳也看不到裡面熱鬧的情景，這時，身旁一個很矮的小男孩吸引了小吳的視線。

小男孩一趟趟來回從不遠處搬來磚頭，在那厚厚的人牆後面，耐心地疊著一個台子，一層又一層，足足有半公尺高。

小吳不知道他疊這個台子花了多少時間，不知道他因此漏看了多少精采的比賽，但當他登上自己疊起的台子時，對著小吳咧嘴一笑。那成功的喜悅和自豪，顯得如此清楚。

剎那間，小吳的心被撼動了一下。多麼簡單的事情啊！想要越過密密麻麻的人牆看到精采的比賽，只要在腳下多墊些磚頭就行了。

或許踏在地面往上看，不用忍受頂樓的冷風，可是只能在有限的視野裡感受美麗的事物。

狄更斯說：「機會不會上門找人，只有人去找機會。」因此，若想擁有更大的天空、更寬廣的視野，就必須讓自己往高處爬，讓自己站在高點上。

或許「堆磚」的過程非常辛苦、繁瑣，但是只要一塊一塊穩定、落實地砌好，就能越過密密麻麻的人牆，讓自己高人一等。

人生總要有一回讓自己站在高處，感受風吹在身上的感動。只有這樣的體驗，才能讓自己跨出原地，產生邁向另一個新領域的勇氣。

引進照亮生命的陽光

生命之中，應該還能找到許多能使你我歡笑的事物吧！讓歡笑的陽光灑落在彼此的身上，驅走所有寂寞所帶來的灰暗。

雖然人類是群居的動物，但是你我都難免有孤獨的時候，那種孤獨不見得一定是指一人獨處，有時候，站在人來人往的大街上，沒有一個與自己同心之人，那種感覺也是孤獨的。

有些人並不排斥這種孤獨的感受，反而從中謀求心靈的解放，自我的成長。像《湖濱散記》的作者亨利．梭羅，就特意離開城鎮，投入山林，渡過一段離群索居、自給自足的簡約生活。

或許真如俄國作家高爾基所言：「人只有在絕對的寂靜之中，才能更接近自我。」但是，大部分的人還是討厭那種孤寂的感受。

在真實的社會中，曾經有過鸚鵡由於主人疏於關心，因而自己拔光了毛，不吃不喝死去的例子。可見得寂寞是足以毀滅生命的劊子手，人相較於鸚鵡，又能強到哪裡去呢？幸好，人有自救的本能，當你寂寞的時候，你會主動去親近他人。有付出，就有獲得；禮尙往來，有接受，便有回饋。

有個寂寞的小男孩想去尋覓上帝的蹤跡，因為他相信上帝能夠讓他變得不寂寞，於是他準備了一個包袱，帶了食物和飲料，開始他的旅程。

他走著走著，來到一座公園裡，見到草地邊的長椅上，坐著一位老太太，眼睛盯著廣場上時飛時停的鴿子。

男孩在長椅上坐了下來，打開他的包袱，拿出食物與飲料，剛打算吃的時候，發現老太太正轉過頭來看他。他不自覺地將手中的食物遞給老太太。老太太笑了，在午後陽光的映襯下，那個笑容非常慈祥，也非常溫暖。

而後，男孩也笑了，他覺得心裡那份寂寞的感覺，好像被陽光擊退了一般，於是，他又拿出飲料遞給老太太，而老太太也同樣微笑接過。

整個下午，他們就這樣並肩坐在公園長椅上，分享食物與飲料，他們彼此沒有交談，只有以燦爛的笑容回應彼此。直至天黑，男孩要回家了，他收拾了包袱站起身，走沒幾步，又跑了回來，張開雙臂，緊緊地擁抱了老太太一下。老太太也回抱了他，然後笑著看他步上來時的路。

寂寞的小男孩又回到了他寂寞的家，但此刻他的心情已不同以往，他心想：「我遇見上帝了，她不但和我共進午餐，還給了我最美的微笑。原來她是那麼慈祥、那麼親切！」

當老太太帶著和煦的笑容回到家裡時，家人都感到相當驚訝，當家人問起時，她非但笑容不減，更興高采烈地說：「我今天在公園遇見上帝了，他還和我一起吃巧克力，原來，上帝這麼年輕啊！」

不是最精緻的餐點，不是最高級的場所，卻讓兩顆寂寞的心，彼此得到了慰藉。男孩和老太太爲什麼會寂寞，恐怕是他們身旁的人應該好好去探求的。雖然我們都不喜歡孤獨寂寞的感受，總是希望在我們需要的時候，別人能夠給予我們關懷與支持，但是我們卻很容易就忘了去關心周遭那些愛我們的人。

你有多久沒有在家人臉上看到笑容了呢？你自己又有多久沒笑過了呢？我們需要愛的關懷，我們更應當付出愛的關懷，才能讓愛在彼此之間生生不息地交流。

讓你的心柔軟，其實很簡單。儘管只是一小面方鏡，也能將窗外的陽光引進黑暗的屋內；也許只需要一句問候、一紙祝福，甚至只是一抹微笑，都能讓人從內心深處溫暖起來。

雨果曾寫下如此文句：「我們給人的歡樂，有那樣一種動人的地方：它不會像一般反光那樣，總是弱於原來的光源；當它回到我們身上的時候，反而會加輝煌燦爛。」

生命之中，應該還能找到許多能使你我歡笑的事物吧！爲我們自己去尋找，也爲我們所愛的人去尋找，讓歡笑的陽光灑落在彼此的身上，驅走所有寂寞所帶來的灰暗。

PART 8

盡力而爲就有貢獻

當我們不得不背負時代的壓力、大環境的無奈時，「盡力而為」就成為治療自己內心遺憾的最好辦法。

有明確構想才能實現理想

因為目標構想不夠明確，所以很多人的夢想都只能停留在畫大餅、做白日夢而無法化為實際行動的階段。

你可以從一百個人口中聽到：「我希望能夠賺大錢。」可是卻找不到幾個人知道自己該如何實現這個願望。

勉強擠出來的答案大概是：自己創業當老闆、做個小生意、找個薪資高的工作……就沒更進一步的計劃了。

正因爲目標構想不夠明確，所以很多人的夢想都只能停留在畫大餅、做白日夢，無法化爲實際行動的階段。

有一次羅曼·V·皮爾在高爾夫球場打球，不小心把在草地邊緣的球打進了雜草區。剛好有一個年輕人在那裡清掃落葉，就和他一塊找球。

那年輕人一邊找球，一邊很猶豫地說：「皮爾先生，如果可以的話，我想找個時間向您請教一些問題。」

「你想要什麼時候呢？」皮爾問道。

「哦！什麼時候都可以。」年輕人似乎頗為意外皮爾答應。

「像你這麼回答是永遠不會有機會的。這樣吧，三十分鐘後在第十八洞見面談吧！」皮爾說道。

三十分鐘後，他們在樹蔭下坐著，皮爾先問他的名字，然後說：「現在告訴我，你有什麼事要和我商量？」

「我也說不上來，只是想做一些事情。」

「能夠具體地說出你想做的事情嗎？」皮爾問。

「其實我自己也不太清楚。我很想做和現在不同的事，但是不知道該做什麼才好。」他顯得很困惑。

「那麼，你準備什麼時候實現那個還不能確定的目標呢？」皮爾又問。

年輕人對這個問題似乎既困惑又激動，他說：「我不知道……我的意思是有一天……有一天想做的某件事情。」

於是，皮爾問他喜歡做些什麼事。他沉思了一會兒，卻一直說想不出來有什麼特別喜歡的事。

「原來如此，你想做某些事，但不知道該做什麼才好，也不確定要什麼時候去做，更不知道自己最擅長或喜歡的事是什麼。」

聽皮爾這樣說，他有些不情願地點頭說：「我真是個沒有用的人。」

「不是這樣的，你只不過是沒有把自己的想法加以整理，或缺乏整體構想而已。你很聰明，個性也不錯，更有上進心。有上進心才會促使你想做些什麼。我很喜歡你，也信任你。」

皮爾建議他花兩星期的時間考慮自己的將來，並明確決定自己的目標。然後用最簡單的文字把它們寫下來，接著估計何時能夠順利實現，得出結論後就寫在卡片上，再來找自己。

兩個星期以後，這個年輕人完全變了一個人似的，顯得有些迫不及待地在皮爾面前出現。

這次他帶來明確而完整的構想，他已經清楚掌握住自己的目標，那就是要成為現在工作的高爾夫球場的經理。現任經理五年後退休，所以他把達成目標的期限訂在五年之後。

他在這五年的時間裡，確實學會了擔任經理必備的學識和領導能力。經理的職務一旦空缺，沒有一個人會是他的競爭對手。

又過了幾年，他的地位依然十分重要，成為公司不可或缺的人物。現在他過得十分幸福，非常滿意自己的人生。

這位年輕人是根據自己任職的高爾夫球場的人事變動，來決定自己未來的目標。當然，在這當中多少有興趣的成分存在。

要在經濟不景氣的社會裡，找到一個適合自己又符合興趣的職業的確不簡單，但也絕非不可能，只是看你願意投入多少心力和時間去達成。辛苦一定免不了，風險更是不用說，重點是你有沒有本事去承受這些必經的過程。

一個清楚的目標必須考慮到每一個階段的計劃，再將計劃分為短程、中程，與長程來進行。

如果還是無法找到確切的目標，那麼不妨試著往後推算二十年，想想自己二十年後希望自己站在哪個崗位上，再仔細思考，若要實現二十年後的願望，現在該做些什麼準備。

符合新世代，才不會被淘汰

別讓舊規矩把自己的才華綁死。若不加以改變來符合新穎世代，只會讓自己在原地踏步，甚至被潮流淘汰。

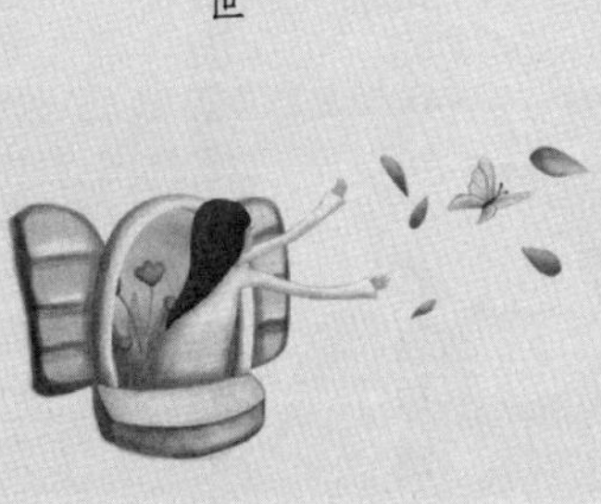

一個有才華的人，要能盡情地施展自己的能力，必須建立在自由的前提下。種種限制、教條或規定，只會扼殺才華、埋沒智慧。

同樣的，我們的人生想要過得精采、過得有意義，就不該用僵死的思想來囚禁自己的靈魂。

有一隻貓抓到了一隻夜鶯，伸出腳爪玩弄牠，並輕輕地握著這隻嚇得縮成一團的可憐小鳥。

貓在夜鶯的耳朵邊低聲說道：

「夜鶯，我親愛的小鳥，我聽到人們到處讚揚你的歌聲，說你唱的歌和最美妙的音樂不相上下。我的老朋友狐狸是不會毫無根據亂說話的，牠說你天生就有一副好嗓子，又甜潤又動人，所有的人聽了你美麗的歌曲，不論是牧童還是牧羊女，都會心醉神迷。我也非常喜歡聽優雅的音樂，所以希望你能為我唱一首。」

看著依然在發抖的夜鶯，貓溫柔地說：

「不要發抖，我的朋友，不要誤會我的意思！你以為我要吃掉你嗎？沒有這樣的事。我只要你為我唱首歌，如此而已。我會放了你的，讓你在樹林裡漫遊，從這棵樹飛到那棵樹！說到音樂，我要你知道，我跟你一樣愛好音樂。我也常常咪嗚地唱著催眠曲入睡呢！」

但是，可憐的夜鶯一聲也不哼，牠在貓的腳爪中連氣也快要透不過來，更不用說唱歌了。

貓繼續說道：「我正等著你唱歌，怎麼啦？唱吧，親愛的，唱一首短短的小曲兒也行。」

但是夜鶯就是唱不出來，在惶恐中嘰嘰地哀叫。

「你就是用這種怪裡怪氣的聲音風靡整座樹林嗎？」貓發出譏諷的笑聲，說道：「請問，大家讚不絕口的美妙歌聲都到哪裡去了呢？哪怕是我自己的小貓，我也忍受不了這樣的怪叫！看來指望你唱歌是不可能了。讓我來試試看，把你放在我嘴裡是否味道會好些。」

說完，可憐的歌唱家就被貓吃得精光了。

如果有機會閱讀一些專制政權統治下的出版品，不難發現作品內容多半大同小異，甚至以歌頌某種「理念」爲中心原則來發展故事脈絡。那就是極權壓制下造成的結果。

人們常說的「死腦筋」、「不知變通」，也是同樣的道理。

別爲了一個可笑的理由、傳統的習慣，就讓舊規矩把自己飛躍的想像、不羈的才華綁死。

前人的經驗是後人參考、學習的寶貴資源，但若只知一味承襲，不加以改變來符合新穎世代，只會讓自己在原地踏步，甚至被潮流淘汰。

我們都很容易在無形中將自己「綁死」，認爲自己不該改變，卻又說不出原因。大膽一點，只有給自己多一點自由和空間，才能唱出美妙的歌曲。

正如同羅素曾經說過的：「我們要獨立思考，光明正大地看待世界的一切，正視客觀而不是害怕現實，用智慧征服自然而不是僅僅慴於自然的淫威，甘願俯首聽命。」

唯有真誠，能使人生有成

誠信和誠意必須靠多年的口碑和表現才能建立起來，可是要毀滅它卻是彈指之間的事，它不能給你第二次機會。

一位在商場上縱橫多年的高級主管告訴我一個故事。

某日他們接待了一位來往二十多年的老客戶，從機場接機，一起吃飯，到送他進飯店，他都全程作陪。

隔天一早，客戶要搭五點多的飛機離開。照理說，他可以請手下的職員到飯店接客戶上飛機，但是他覺得自己必須親自完成這件事，於是凌晨三點多就起床，開了一個多小時的車到飯店，親自送客戶上飛機。

這位高級主管是老闆之下，所有人之上，公司最重要的管理者。他之所以這麼做，並不是爲了討好、巴結客戶，完全只爲了「誠意」二字。即使他和老客戶相識多年，也不因爲「熟識」而忽略了誠意。

品管部主任在產品第二關抽檢時發現，一批銷往義大利的銀飾品的拋光率出了一點小問題。他向上面提出兩點解決方案，一是將有瑕疵的產品挑出淘汰，一是降低品管標準讓產品過關。

副總認為，品管主任是以非常專業的角度去挑選這批貨，但客戶與消費者不會注意那麼多。小瑕疵並不明顯，而且這批貨的貨主是公司的老客戶，對產品一向不會主動檢查，按期交貨才是當前最重要的事。於是副總在降低品質標準一欄簽了字。

準備出貨前夕，品管部主任再三考量後，還是把這件事向董事長反映。董事長立即召開會議，他既沒有當眾批評副總，也沒有讚揚品管部主任，只講了一個故事。

董事長曾是一家玩具工廠的業務員，主要服務對象是日本客戶。玩具工廠生意興隆，賺了大錢，後來因為玩具偷工減料，被日本客戶察覺，提出退貨要求。

廠方希望看在多年合作的情分上不要求退貨，並說玩具內部的填充物不會影響產品品質，只要消費者不拆開看，就不會發現。

日本客戶則認為合約上規定的材料不應更改，劣質的產品如果被消費者發現，會連公司其他產品都拒絕購買。結果，那些玩具被全部被退回，重新拆開加工，廠商損失慘重。

產品出來後，日本客戶提高了抽檢率，還派人駐廠監督。廠方覺得這是小題大做。日本客戶則說：「我們已經不是合作夥伴。我方所做的僅是履行最後兩個月的合約，保證產品品質。」

廠方覺得事態嚴重，多次道歉和協商，但對方解釋說：「在日本，你只要欺騙別人一次，就沒人要和你打交道。」

董事長說完故事後，大家終於知道事情的嚴重性。於是用了兩個晚上通宵趕製新貨，終於在交貨期限的最後一小時送達客戶手中。

義大利客戶得知後寄來了感謝信，品管部主任後來也升為生產部經理。

還記得「雪印」這間乳品公司嗎？有一陣子他們的產品消失在市面上，原因是一次中毒事件，導致公司倒閉。追查出事起因，發現是未依規定清洗製乳機械，導致細菌汙染。

這個很基礎的疏忽，讓雪印這家頗受消費者歡迎，成立多年的公司在一夕之間倒閉。直到多年後，才又慢慢在市面上看到它的身影，可是，已經不如從前那麼讓人愛戴。這也是一種「誠信」問題。

誠信和誠意必須靠多年的口碑和表現才能建立起來，可是要毀滅它卻是彈指之間的事。

也因此，必須愛惜自己的誠信和誠意，因爲它不能給你第二次機會。

使生活圈打開，擴張自己的人脈

在這個容易產生孤獨感的時代，更該踏出自己的圈圈，不僅僅是「資源」的利用，更是心靈的糧食。

一家保險公司為新進人員辦了一場課程，教導他們如何接觸更多的人，擴大自己的生活圈。

主管用圖詮釋人生寓意。他首先在黑板上畫了一幅圖：一個圓圈中間站著一個人。接著，他在圓圈的裡面加上了一座房子、一輛汽車、一些朋友。

主管說：「這是你的舒服區。這個圓圈裡面的東西對你來說都很重要，你的房子、你的家庭、你的朋友，還有你的工作。在這個圓圈裡頭，人們會覺得自在、安全，遠離危險或爭端。」

主管說完之後環顧四周，接著問：「現在，誰能告訴我，當你跨出這個圈子後，會發生什麼事？」

教室裡頓時鴉雀無聲，一位積極的學員打破沉默：「會害怕。」

另一位則認為：「會出錯。」

主管微笑著說：「當你犯了錯，會造成什麼樣的後果？」

一開始就回答問題的那名學員大聲答道：「我會從中學到東西。」

「正是，你會從錯誤中學到東西。當你離開舒服區以後，學到了以前不知道的東西，增加了自己的見識，所以你進步了。」

主管再次轉向黑板，在原來那個圈子之外畫了個更大的圓圈，還加上一些新的東西、更多的朋友、一座更大的房子等等。

「如果你老是在自己的舒服區裡頭打轉，就永遠無法擴大自己的視野，永遠無法學到新的東西。只有當你跨出舒服區以後，才能使自己人生的圓圈變大，才能把自己塑造成一個更優秀的人。」

我們都習慣在自己的生活圈裡過日子，在裡面，我們熟悉、放心，有掌控狀況的能力。

在這個大生活圈中，又散佈著無數個小圈圈，每一個圈圈都代表你人生中的每一段歷程，你可能遺忘它許久，也可能繼續與它接觸。奇妙的是，多數人的小圈圈總是各自獨立，不會有太多的交集。

你每一個求學時期的朋友、工作上的同事、娛樂活動時認識的同伴、家族中的親朋好友等等，互相認識的又有多少呢？

在我們的每一群朋友中，都有一種屬於這個團體的面貌，也有屬於彼此的秘密，我們希望保留某一個部分，讓大家留下完好的印象。

然而，如此一來，就很容易把自己關在一個有限的空間中，永遠只能在裡頭打轉，無法讓視野更開闊。

西方國家的文化是，常有一家主人舉辦家庭聚會，來的卻是朋友的朋友，大家還是和樂融融，這就是個人的人脈。至於華人，雖然待人熱情，但也比較保守，重視所謂的「親疏」關係。

可是，在這個人們容易產生孤獨感的時代，更該踏出自己的圈圈，讓我們的朋友彼此認識，將這些小圈圈拉在一起。

這樣一來，你將有更多可以分享心事的同伴，也有更多人會注意、關心你。這種擴大人際關係的方法，不僅僅是「資源」的利用，更是心靈的糧食。

禱告不是實現夢想的萬靈藥

禱告只是讓自己的信念更加堅定，增強面對挑戰的勇氣，而不是不勞而獲，等著禮物從天上掉下來。

四歲的小克萊門斯上學了。教書的霍爾太太是一位虔誠的基督徒，每次上課之前，她都會領著孩子們進行祈禱。

有一天，霍爾太太為孩子們講解《聖經》，當講到「祈禱，就會獲得一切」時，小克萊門斯忍不住站了起來問道：「如果我向上帝祈禱，祂就會給我想要的東西嗎？」

霍爾太太親切地回答：「是的，孩子，只要你願意虔誠地祈禱，你就會得到你想要的東西。」

小克萊門斯想得到一塊很大很大的麵包。因為坐在他隔壁的金髮小女孩，每天都會帶一塊這麼誘人的麵包來到學校，但他從來沒有吃過。

她常常問小克萊門斯要不要嚐一口，小克萊門斯每次都堅定地搖了搖頭，心裡卻十分掙扎痛苦。

放學的時候，小克萊門斯對小女孩說：「明天我也會有一塊大麵包。」

回到家之後，小克萊門斯關起門，無比虔誠地進行禱告，他相信上帝已經看見了自己，一定會被自己的誠心感動。

然而，第二天起床，他迫不及待地把手伸進書包，裡頭除了一本破舊的課本之外，什麼也沒有。

他決定每天晚上繼續禱告，一定要等到麵包出現。

一個月之後，金頭髮小女孩笑著問小克萊門斯：「你的麵包呢？」

小克萊門斯告訴小女孩，上帝可能沒看見自己多麼虔誠地祈禱，因為每天都有無數的孩子祈禱著，但上帝只有一個，他忙不過來。

小女孩笑著說：「原來，你祈禱是為了一塊麵包啊。一塊麵包用幾個硬幣就可以買到了，你為什麼要花費這麼多的時間祈禱，而不是去賺錢買麵包呢？」

小克萊門斯決定不再祈禱。

他相信小女孩所說的，正是自己最想要的答案——透過實際行動獲得自己想要的東西。

小克萊門斯對自己說：「我不要再為一件卑微的小東西祈禱了。」

多年以後，小克萊門斯長大成人，當他用筆名馬克·吐溫發表作品的時候，他已經成為一位為了理想勇敢奮鬥的作家了。

好萊塢知名影星金凱瑞主演的〈王牌天神〉裡，上帝讓諸事不順的他擁有上帝的能力。在一陣混亂之後，他選擇回到正常的生活。這部電影雖然讓人從頭笑到尾，卻隱含深刻的涵義。

電影中金凱瑞第一次碰到上帝時，上帝正在拖地，並邀他一起做這件事但卻遭到拒絕。上帝因此說：「大家都不知道勞動的好處，它能讓人自由，凡事都得靠自己的雙手才能成功。」

在電影中有一幕，金凱瑞讓所有的禱告都應驗，結果有許多人得到樂透頭獎。可是每個人分到的獎金只有十七美元，因此引發暴動。可見有多少人爲了這種不實際的事情禱告。

禱告只是讓自己的信念更加堅定，增強面對挑戰的勇氣，而不是不勞而獲，等著禮物從天上掉下來。

小克萊門斯在禱告的過程中領悟到，眞正的神蹟並不是魔術，不能夠瞬間實現願望、讓不合理的事情成眞，奇蹟是靠人自己創造出來的。上帝給予我們的神蹟是讓我們知道自己也有神性，有能力改變自己的生活。

盡力而為就有貢獻

當我們不得不背負時代的壓力、大環境的無奈時，「盡力而為」就成為治療自己內心遺憾的最好辦法。

英國記者迪克里·卡特拍攝的一幅反映蘇丹大饑荒的新聞照片榮獲普利茲獎。這原本是件值得慶幸的事，最終卻釀成了悲劇，因為他因此自殺了！

迪克里從小就喜愛攝影，總是把所有零用錢都拿去買底片，爸爸為了鼓勵他發展興趣，還買了一台昂貴的萊卡相機送給他。

他擅長搶拍，能抓住最激動的人心、有意義的一瞬間。還能運用電腦技術，拍出子彈穿過薄紙那萬分之一秒時間的照片，技術非常高明。

一九九四年五月及六月，蘇丹遭遇百年未見的大旱，滴雨不下，土地都乾裂了，成群的災民不分男女老少都跪在乾旱的土地上求雨。

迪克里．卡特奉命到蘇丹採訪大饑荒的新聞，他發現一個場景：一隻專吃死屍的禿鷹目光貪婪地盯著一位瘦得皮包骨，幾乎趴在地上的蘇丹小女孩，等待她死去之後吃掉她。

迪克里按下相機的快門。

這張題為〈大飢荒〉的照片發表之後，他榮獲普利茲獎。

照片引起很大的爭議，許多讀者質問迪克里．卡特：「危難時刻為何不向小女孩伸出援手？記者的良心何在？」

當時蘇丹政府警告外國記者不准接觸饑民，因為可能染上瘟疫。卡特拍完照片後雖然趕走了禿鷹，但這並不能讓他安心。他眼前始終閃現小女孩饑餓與渴望救助的眼神，他的內心深感愧疚和自責：「我沒有抱起那個即將餓死的小女孩回家撫養，讓我終生後悔與痛心！」

他榮獲普利茲獎後，父親罵他見死不救，是個小人；妻子罵他沒有人性，鬧著要離婚；女兒哭著說：「你自私！為了得獎不惜以蘇丹小女孩的生命作為代價，我不認你這個父親！」

迪克里．卡特無地自容，自責的心讓他撕掉那張獲獎照片，並於一九九四年七月二十七日自殺，當時他才三十三歲。

迪克里．卡特的自殺對於記者來說，應該是一種警惕。

「該不該讓新聞發生？該不該讓悲劇發生？」這是一個涉及新聞倫理和記者職業道德的沉重話題。

然而，很可惜的是，一直到今天，媒體工作者爲了搶收視率，經常不顧受訪者與自己的安全和道德問題，貼身跟拍、捏造不實報導等情況，讓人不由得感嘆社會病了！

像迪克里．卡特這樣的記者，雖然受到許多人的指責，還是讓人同情的。在當時的情況下，相信他也無能爲力。誰也無法判斷當時除了趕跑禿鷹之外，是否還能多做一點選擇。

當我們不得不背負時代的壓力、大環境的無奈時，「盡力而爲」就成爲治療自己內心遺憾的最好辦法。

迪克里．卡特日日夜夜爲了自己沒有伸出援手而懊惱自悔，他是死於自己的良心譴責。但是死並不是眞正的解脫，他只能帶著遺憾離開人世。對於死去的小女孩、成千上萬的災民並沒有實質上的幫助。了解災區慘況的他，更應該帶領同胞們協助難民。

指責迪克里．卡特無情的人也必須適可而止，與其無意義謾罵，不如想想該怎麼做才能幫助受難者。

迪克里．卡特已經將災區最眞實的畫面呈現在世人眼前，接下來該做的，就是該怎樣去改善這個狀況。

別讓束縛綁架幸福

為人子女若總是將「金錢」掛在嘴邊，以它為第一順位而不用心替父母著想，就是一種自私的表現。

小晴的父親在她很小的時候就因為車禍身亡了，她們母女倆相依為命，過著辛苦的日子。

母親日夜不休地替人縫製衣服，賺取微薄的工資養家活口，小晴也很懂事，努力勤奮地讀書。她暗暗發誓，長大之後一定要闖出一番成就，讓母親過著舒服又幸福的好日子。

有一天，小晴放學回家，聽到母親多年不見的笑聲，其中參雜一道陌生的聲音，走進屋裡一看，是個陌生的中年男子。小晴突然想起死去的父親，便對陌生男子產生一股敵意。

母親看見她，紅著臉介紹著：「這位是李叔叔。」

李叔叔臉上堆滿笑意，忙著從袋子裡拿出一包東西遞給小晴。小晴楞住了並沒有接過來，反而沉著臉跑回自己的房間，躲在被窩裡哭了。

那晚，母親站在小晴的門外許久，只說了一句話：「李叔叔送妳一套新衣服，明天的演講比賽可以穿。」

到了第二天，小晴仍然穿著舊衣服，在母親失望的目光中堅定地走出家門。小晴果然不負眾望拿下第一名，母女倆都很高興，只是，那位李叔叔再也沒有出現了。

多年後，小晴大學畢業進入職場工作，認識了一個不錯的對象，而且論及婚嫁。小晴結婚的那天，母親說什麼也不肯一起拍結婚照，說自己是寡婦，不能跟新人一起上鏡。

小晴望著母親滿頭銀髮，忽然想起那位李叔叔，又想起母親忙碌操勞大半輩子的身影。自己出嫁後，想到母親將一個人孤獨守著空屋子，小晴哭了。她現在才明白，年少的自己犯了一個多麼傻的錯誤。

母親笑著對小晴說：「傻孩子，媽媽不怪妳，妳幸福我就幸福啊！」

然而對小晴來說，她的幸福裡面一直有著隱隱作痛的遺憾。

報上曾經刊載過一則消息。有一個喪偶多年的老父親，認識了對岸一位和自己年紀差不多的寡婦筆友。

經過長時間的通信，彼此覺得心靈相通，老婆婆就辦了手續從大陸飛來台灣，打算和老先生一起作伴度過晚年。

可是老先生的兒女並不這麼認爲，他們覺得老婆婆這麼做的「動機」絕對不單純，一定是爲了分財產才接近自己的父親。因此從來不給老婆婆好臉色看，常常冷言冷語諷刺她。

好脾氣的老婆婆剛開始都不跟晚輩計較，但久了之後也會受不了。某一天，她什麼也沒帶就突然離開台灣回到大陸，再也沒出現了，因爲她要證明自己，不是爲了「錢」才接近老先生的。

看到這裡，相信很多人都會感到惋惜。試想，當父母年紀大了之後，子女又有自己的家庭責任無法陪在身旁，有一個人能夠陪伴年邁的父母安度晚年，是多麼難能可貴的事。

年幼的孩子看到父親或母親的地位被另一個陌生人取代，會產生抗拒的心態是正常的。可是身爲成年人的子女，若總是將「金錢」掛在嘴邊，以它爲第一順位而不用心替父母著想，就是一種自私的表現。

別讓自己的幸福，成爲別人的遺憾。

誠實坦白，才能釋懷

坦然面對自己的錯誤，勇敢面對，思考該如何負起責任，才能減輕內心不舒服的感覺。

老張在偶然間發現兒子的抽屜裡有一本日記，他在裡面寫了一段話：

「上了國中以後，我的心裡就覺得特別孤獨。除了上學，父母都把我關在房間裡，做那些永遠也做不完的功課。我多麼想到外面去和同學一起打籃球、踢足球，輕輕鬆鬆地玩一玩啊！我恨死他們了。」

老張原本一直以為兒子很聽話乖順，萬萬沒有料到原來他的心裡竟然如此痛恨自己。

這天晚上，兒子發現日記本被動過了，就去詢問父親，老張當然不肯承認。兒子看了他一眼，什麼也沒說，就把自己關回房間裡。

第二天趁兒子上學，老張又進到兒子的房間，想從日記本裡看看兒子對這件事是怎麼想的，沒想到兒子卻在抽屜外面加了一把鎖。老張頓時意識到，自己的確犯了一個大錯，心裡非常懊悔。可是，他還是很在意兒子的想法，想知道日記裡又寫了些什麼。

晚上兒子放學回家，老張對兒子說：「你能原諒爸爸嗎？」

兒子冷冷地回答他：「不就是看了我的日記嘛！」

「那……」老張說：「如果你肯原諒爸爸，就請你把鎖拆了，別把爸爸當個小偷似的。」

兒子一聽更不高興，把抽屜鑰匙朝老張手裡一塞：「你滿意了吧！」

自從這次之後，本來話就不多的兒子，話更少了，回到家之後就是把自己關在房間裡不出來。

幾天之後，一心想走進兒子內心世界的老張再一次來到兒子的房間，他驚訝地發現，兒子的抽屜雖然沒有上鎖，但那本日記卻不見了蹤影。

那天晚上，察覺自己的抽屜又被動過的兒子鄭重其事地對爸爸說：「爸爸，你是不是看不到我的日記覺得很失落啊？告訴你吧，我把日記本扔了，並且發誓，從今以後我不會再寫日記了。」

從兒子第一次發現老張偷看了他的日記開始，老張的處理方法就走向錯誤的方向。老張當下該做的第一件事，就是爲自己侵犯了兒子的隱私道歉。

然後，找時間和兒子談心，了解他的課業壓力和眞正的需求。

可是老張沒有這樣做，反而一次又一次試圖偷窺兒子的秘密。他關心孩子的心情雖然讓人理解，但做法卻不讓人認同。

這是因爲他打從心底不能接受孩子「不滿」自己求好心切的安排，他認爲孩子應該懷抱感激的心讀書，感謝父母的用心。再加上他拉不下臉承認自己「偷看日記」這種的行爲是錯的，就是這種心態，讓老張以關心爲藉口，繼續「偷窺」的行爲。

坦然面對自己的錯誤，確實令人感到難堪、難以忍受。但即使再後悔、懊惱，也無法抹滅曾經留下的記號。

只有勇敢面對它，思考該如何負起這個責任，才能減輕內心不舒服的感覺。千萬別試圖用一個謊去圓另一個謊，這樣只會讓惡劣的狀況陷入無止盡的迴圈當中，得不到解脫。

或許我們無法完全改變這個錯誤，但是我們能儘量改善。當已經盡了一切努力之後，就應該放寬心胸，接受所處的狀況。

讓自己的想法決定自己的去向

何苦執著於什麼樣的形式才是真愛，順從自己的心意，聆聽自己內心的聲音，那麼分分合合也就不至於擾擾攘攘了。

有一個很有趣的想法，將人與人之間的關係做了很好的詮釋。

每個人的人生都是一條線，由於每個人的方向不同，因此我們會不斷與別人交錯，就好像織就了一張錯綜複雜的網。有人是直線，有人是曲線；有些人一輩子只相交一次，便各自奔赴各人的旅程；有些人自始至終平行、互不相識，還有些人則纏繞一世。

每一條線都有個人意志，會隨著自己的心意前進、轉彎，於是人與人之間，就像是纏繞在一起的線團，有了更多的交會點，編織出千變萬化的畫面。

所謂相識、相戀、相愛、相知的過程，就好像兩條線不經意地交會，一同彎曲、重疊共度一段旅程，有時候可能會有別條線攪和進來，或許雙方意見不合，兩條線便各自轉了不同的方向，可能漸行漸遠，就此別過，當然也可能在遠離之後，重新回頭再次相會、纏繞。

這樣的想法，或許就能夠解釋我們錯綜複雜的人際關係變化，進而理解男男女女之間的分分合合，其實也不過是個正常而合理的現象。

有一則很有意思的韓國廣告，探討了男女之間，在現實與理想之間一旦有了落差，愛情究竟還能夠存在多久，或許我們也可以一起來思考一下。

男孩將口袋裡所剩不多的錢幣掏出來買了一束鮮花，一邊打電話給女孩，但是只得到女孩冷淡的回應。

男孩說：「好久沒見了，待會兒，我帶妳去吃頓好吃的。」

女孩說：「我今天沒空。」

男孩說：「那明天呢？」

女孩仍舊冷淡：「明天也沒空。」

男孩興奮的語調盪了下來：「難道工作真的有那麼重要嗎？」

女孩只是道了聲再見，便掛了電話。身旁的西裝革履的同事，有意無意地問：「你男朋友啊？他還沒找到工作嗎？」

女孩只是尷尬地笑了笑。

但這一幕全落在男孩的眼中，剎那之間，他的愛情世界崩裂了，原本以為就算生活有再多的不順，至少愛情是完美的，但這一刻，原有愛的美好，全成了醜惡的背叛。

他生氣地質問女孩，為何對愛不忠貞，但女孩也生氣地哭著質疑，只剩下愛情的愛還能存活嗎？男孩躲在夢裡就能過得了一輩子嗎？

廣告裡說：男孩的愛情是理想的，女孩的愛情是現實的。那麼，你的愛情又是如何呢？

愛情之中，很難說誰對誰錯，有人批女孩寡情心狠，但也有人斥男孩逃避現實，其實去討論誰對誰錯，一點意義也沒有。他們這兩條線，交會之後密合一起走到這裡，受到外力的衝擊，有了不同的想法，於是彼此之間有了空隙，未來怎麼走，全得憑雙方的意願。

或許，男孩力圖振作以符合女孩的意願，或許女孩也跳入愛情的幻夢裡，滿足男孩對愛的理想，如果他們之間有人調整自己的腳步，屈就對方的道路，未來仍能走在一起。

但是，倘若他們都堅持自己的方向，那麼分離是必然的結果了。

名聞國際的日本女歌手山口百惠，在演藝事業最盛之際，毅然決然洗淨鉛華，嫁作人婦，她對愛情有一番自己獨到的看法，至今仍在日本人心中有相當地位。她曾說：「因為愛，希望為他生存；也因為被愛，才知道自己活著的意義。」

很明顯的，她願意爲了她的丈夫而轉彎，只爲求兩人一生同行。她的想法沒有對錯，那只是她個人的意志，她因爲順從自己的意志而感到快樂，旁人爲她放棄名利榮華而感到可惜，那是別人的事，與她無干。

美國科學家富蘭克林說：「人不可絕滅愛情，但也不可迷戀愛情。」

莎士比亞說：「不愛自己，怎麼能愛別人？」

自古以來，歌頌愛情的人很多，嗤之以鼻的也不在少數。但是「愛」只是媒介，行動的是人，感受的也是人，人的想法會決定自己的去向。所以，何苦執著於什麼樣的形式才是眞愛，只要順從自己的心意，聆聽自己內心的聲音，那麼分分合合也就不至於擾擾攘攘了。

PART 9

少年得志
不一定是好事

年少的時候接受磨練和考驗不見得是壞事，唯有勤奮努力，厚植自己的實力，才能避免「少年得志大不幸」的遺憾。

唯有冒險，才能向前

雖然冒險帶來的生活往往伴隨著恐懼和不安，可是只有經歷它、克服它，才能真正品嚐成功的果實。

走在熟悉、既定的軌道裡固然讓人安心，但是偶爾讓自己脫軌一次也不一定是壞事。在這一次冒險中，可能會發現自己未曾發現的天賦和才華，激發潛藏在內心許久的自我，找回遺失的熱情，重新感受生命的意義。

法伊婭十七歲時，以留學生的身分從伊朗來到加拿大，當時的她連一句英文也不會講。

入境時，海關人員問她的行李裝著什麼東西，她聽不懂，也說不清楚，讓對方大為緊張，使用許多先進儀器仔細探測她的行李，才敢打開檢查。

就這樣，她隻身踏上加拿大的土地，一邊學英語，一邊在多倫多大學修讀電腦課程，畢業後跟隨丈夫移居卡爾加利。

二十世紀八〇年代初的卡爾加利還是一個小城市，當時整個大環境的經濟不太好，法伊婭到處都找不到工作，只能為一個私人僱主編寫程式。但六個月後她前往僱主家，發現該地址已人去樓空，過去幾個月完全是做白工，沒拿到任何一毛薪水。

沒有報酬的第一份工作成為法伊婭生涯的第一個考驗。法伊婭後來找到一家電腦公司，繼續寫程式的工作。之後也換過幾家公司，經過多年的努力和經驗積累，她做到了貝爾公司在加拿大地區的副總裁。

然而，在為貝爾公司工作了十多年後，她在一次裁員風波中，和其他二十多位副總裁一同被請出公司大門。那是她職業生涯中的一次巨變。可是她依然樂觀笑著說：「終於可以休一個長假，好好調養身心了。」

至於今後的打算，她打算把這次的變動看作新的機會和挑戰，去做一些自己真正喜歡做的事情。

如果一句英文也不會，在沒有任何人任何帶領的情況下，你敢一個人遠渡重洋，到一個完全陌生的國家生存嗎？

是的，這的確是人生一次很大的冒險，然而很多成功的夢想，也是開始於這樣的冒險。

很多人一想到未來可能碰到的狀況，就已經對這次的旅程打消念頭，當然也不會有後續發展。他們在成功的入口徘徊許久，遲遲無法踏出步伐。有些人等了好幾年才踏出第一步，也有人終生沒有跨出去。

將我們推入冒險入口的那雙手，往往是無法預期的變動和挑戰。當這些衝突來臨時，我們不得不投入冒險的旅程。

雖然冒險帶來的生活往往伴隨著恐懼和不安，可是只有經歷它、克服它，才能眞正品嚐成功的果實。

找出工作意義，人生才有意義

人生最重要的是找出自己生存的價值，當你發現了這一點，比現在更美好的未來必然在不遠處向你招手。

每一種工作都有一定的節奏，即使如此，並不代表工作就是機械化的進行。即使你是生產線上的一員，面對輸送帶不斷送出待處理的物件，也應該要有自己一套的做法，即使那只是個簡單反覆的動作。做出心得之後，你就會知道怎麼做比較快速、省力，而且不容易造成職業傷害。

因此，在工作中找出問題、解決問題，就會讓平凡的工作不再機械式，也能從中得到學習和經驗。

小陳和小張畢業於同一所大學的建築系。

這一天，他們來到一家建築公司應徵，老闆看了看履歷，說道：「目前我們公司並不缺人。不過，如果你們不排斥打零工，可以先在我這裡做些簡單的工作。一天八小時，每小時一百塊錢。」

第二天，老闆帶著他們來到工地，分配工作範圍給他們兩個。工作很輕鬆，只要撿釘子就好。因為木工在釘板模時難免會落下釘子，小陳和小張的任務就是把工地上落下的釘子撿回來。

第一天，除了吃飯半個小時外，小陳一刻也沒停歇，把落下的釘子一個不落地都撿了回來，一稱有五公斤之多。

傍晚收工時，老闆問小陳：「工作感覺怎麼樣？有什麼想法嗎？」

小陳說：「能有工作高興都來不及了，哪有什麼想法！」

老闆接著又去問小張同樣的問題，小張說：「老闆，恕我直言，企業需要有效率地運作。表面看來，撿回落下的釘子是一件合情合理的事，但實質上它給您帶來的卻是負面價值。您給我們一天的工資是八百塊錢，但我從早撿到晚，撿回來的釘子最多只有一百塊的價值。這不光對您有損失，對我也沒什麼用。不管您出於什麼意圖，這個工作我都不想做了！」

沒等小張說完，老闆就拍著他的肩膀說：「小夥子，你過關了！我手頭正缺少一名施工員，今天撿釘子的事是我對你們的一場考試。你剛才的解答很出色，不錯，企業需要效率，需要為企業利益著想的員工，更需要你這樣有見地的人才。」

小陳和小張最大的差別，就在於對「報酬」的定義。

小陳只是單純地想「把工作做好」，並沒考慮過「如何才能更好」。這樣的人即使再努力，也無法讓老闆賞識，因爲他就像一個沒有生命的機械，只會反覆做同樣的動作，而不是操控機械的人。「報酬」對他來說，是難得、可貴的，他很容易從中得到滿足。

小張就不同了，他認爲與其保住這份報酬，不如主動開拓機會。他這樣說雖然是替老闆著想，其實也是替自己爭取更好的工作機會，他並不擔心老闆不能接受，因爲他找出問題，也解決問題。況且，老闆若不能接受，也能顯示出這個老闆沒有遠見，繼續待在他手下工作是不會有前途的。

工作多年的你，是否早就忘了思考工作的意義，也讓自己成爲一台沒有想法的機器了呢？

不要不去思考這個問題，若是因此丟失了工作，不見得是一件壞事，因爲人生最重要的是找出自己生存的價值，當你發現了這一點，比現在更美好的未來必然在不遠處向你招手。

忍受一時孤獨，終能受到注目

雖然有過不被了解的低潮期，但只要相信自己、堅持理念，一切情況都沒有想像中的那樣壞。

美國少年斯克勞斯受到當裁縫師的母親的影響，自小就喜歡設計時裝。儘管家境貧寒，仍阻止不了斯克勞斯要做一名服裝設計師的夢想。

斯克勞斯常常將母親裁剪後剩下的碎布留下來，東拼西湊做成各式各樣的娃娃衣服，常常因此遭到父親的責備。

他覺得自己的創作慾望無法得到滿足。

有一天，斯克勞斯將父親丟掉的廢棚布撿來做成一件衣服，這種粗布在當時是專門用來蓋棚子的。

斯克勞斯穿著自己做的衣服走在大街上，很多人都認為他瘋子，甚至母親都覺得斯克勞斯做得太過分了。

斯克勞斯的母親見兒子沉迷於服裝設計，便鼓勵兒子去向時裝大師戴維斯學習，希望他能成為像戴維斯一樣成功的時裝設計師。

那一年，斯克勞斯十八歲，帶著自己設計的粗布衣來到了戴維斯經營的時裝設計公司。

當戴維斯的弟子們看到斯克勞斯設計的衣服時，都忍不住哄堂大笑，他們從來沒有看過如此粗俗的衣服，可是戴維斯卻將斯克勞斯留了下來。

在戴維斯的鼓勵與幫助下，斯克勞斯設計出大量的粗布衣，可是沒有人對斯克勞斯的衣服感興趣，他設計的衣服大量積壓在倉庫裡，就連戴維斯都對自己收留斯克勞斯的決定產生了懷疑。

但是，斯克勞斯依然堅信自己的衣服會受到人們的歡迎，於是他試著將那些粗布衣服運往非洲，銷給當地的勞工。由於那種粗布價格低廉又耐磨，居然很受勞工們的歡迎，衣服很快銷售一空。

斯克勞斯又將那些粗布衣服做成適合旅行者穿的款式，因為它的滄桑和灑脫感，得到了旅行者的喜愛。

斯克勞斯不斷設計新款式，人們開始驚奇發現，那種衣服穿在身上不但隨意，還有一種特別的風味，而且不分季節，任何年齡的人都可以穿。

一時間，大家都爭著穿起了斯克勞斯設計的粗布衣。如今那種衣服已風靡了全球，那就是以斯克勞斯與戴維斯為品牌的牛仔衣。

許多能流傳許久的藝術作品，都是因爲它們的「獨特風格」。畢卡索讓人看不懂的畫作，造就抽象藝術的開始；現代舞強調心靈配合身體的自然律動，不像往年強調的美麗姿態；奇幻文學由不被認同到風靡全球。

雖然這些擁有「獨特風格」的人在備受注目之前，都有過一段不被了解、不被認同的低潮期，但是只要相信自己、堅持理念，其實一切情況都沒有想像中那樣壞。

現代的人似乎越來越能接受「不符合常理」的現象，使獨特的人比其他循規蹈矩的人更有機會突顯自己。

人與人的來往也是一樣的道理。每個人都能找到與自己志同道合的人，如果你正爲不被他人了解而感到孤單，請不要灰心，只要能跨出原有的生活圈，就能找到屬於自己獨特風格的天地。

表面光鮮亮麗，背後付出努力

當我們看到別人光鮮亮麗的外表時，除了羨慕，也別忘了看看對方背後所付出的努力和辛酸。

一八七二年，約翰．史特勞斯曾應聘到美國演出，波士頓特地為他建造一座可以容納十萬名聽眾和兩萬名表演者的大廈。

他在給朋友的信裡敘述當時的盛況：「為了對付這一大群人，他們給我一百個指揮做助手，我自己只能領導最靠近我的人。想像一下我在十萬名美國聽眾面前的處境，我站在總指揮的譜架前面，忽然響起砲聲，這真是一種溫柔的暗示，它告訴我們這兩萬個表演者，音樂會可以開始了。我做一個手勢，我的一百位助手就盡可能急速地仿效我。就在這個時候，開始了我終生難忘的大場面……十萬聽眾興奮地大聲叫嚷……」

這次演出，不僅為約翰．史特勞斯寫下生平最難忘的一頁，也是音樂史上空前的盛舉。

約翰．史特勞斯一生共寫下四十六首樂曲，其中包括波爾卡舞曲、圓舞曲、方陣舞曲、進行曲以及其他體裁的樂曲，被人譽稱為「圓舞曲之王」。

他謙遜地表示：「我小小的功績，只在於把從前輩那裡繼承下來的形式加以擴充罷了。」

雖然他對自己的成就如此輕描淡寫，但是，那一首首動人的圓舞曲，像在歐洲陰暗的天空中響起驚人的巨雷，像在多瑙河畔翠堤上聽到春日來臨的腳步聲，使人們忘卻人生的憂患，對未來充滿歡樂和希望。

受到人民愛戴，獲得崇高榮譽的約翰．史特勞斯，在他年近七十的晚年，還保持著繼承自父親的好習慣：每天清晨編寫歌劇和樂曲，並常常到劇院觀看自己歌劇的演出。

有一天，他挽著妻子參加一個宴會，在宴會上遇見了奧地利國王。國王指著正在演奏約翰．史特勞斯圓舞曲的樂隊，和周圍翩翩起舞的人們，既是讚譽，又是感嘆地說：「你是最幸福的人了。我只能指揮我的軍隊，而奧地利人民都陶醉在你的指揮棒下。」

約翰．史特勞斯卻嚴肅地回答：「蘋果雖然甜蜜，但誰又知道它的內心也有許多苦核呢？」說完，和妻子相視微微一笑，悄然離去。

當我們看到別人光鮮亮麗的外表時，除了羨慕，也別忘了看看對方背後所付出的努力和辛酸。

有些人整天只想當大老闆，以爲可以舒適地坐在辦公室指揮所有人，享受多金虛榮的氣派生活，卻自動忽略了老闆必須面對的責任、承受的壓力。業績拓展、員工管理、薪資發放、和合作廠商談條件、敵人競爭……這一切都是當小職員的人無法窺知的世界。

就像一位演奏出美妙樂曲的音樂家，我們欣賞他的才華、羨慕他的能力，但是是否可以想像，一天二十四小時裡，他必須花多少時間去練習，又必須犧牲多少娛樂和休息呢？

這麼說並不表示我們永遠無法爬上金字塔的頂端。只是讓自己了解，這條路走來並不容易，我們必須有一定的心理準備，在向上追求的同時，付出同等的努力和犧牲。

只會坐在原地空想，只是憤世嫉俗是沒用的，要先秤秤自己的斤兩，才能找出往上爬的條件。

少年得志不一定是好事

年少的時候接受磨練和考驗不見得是壞事，唯有勤奮努力，厚植自己的實力，才能避免「少年得志大不幸」的遺憾。

某年夏天，一位年輕人登門拜訪年事已高的愛默生。他因為仰慕愛默生的大名，千里迢迢前來尋求指導。

這位年輕人雖然出身貧寒，但氣度不凡，有一股吸引人的氣質，愛默生很欣賞他。臨走時，年輕人留下幾頁詩稿，愛默生讀了之後，認定他在文學上前途無量，決定大力提攜他。

愛默生將詩稿推薦給文學刊物發表，但回應不大。他希望這位年輕人繼續將自己的作品寄給他，兩位詩人開始了頻繁的書信往來。

年輕詩人的來信內容往往激情洋溢、才思敏捷，的確是個天才詩人。愛默生對他的才華大為讚賞，經常對別人提起他。慢慢地，年輕詩人在文壇有了一點小小的名氣。

後來，這位年輕詩人不再寄詩稿給愛默生，信的內容只是大談文學問題，他開始以名詩人自居，語氣越來越傲慢。

愛默生感到不安，他擔心年輕人過於自滿。通信雖然繼續，愛默生卻逐漸成了一個傾聽者。

秋天時，愛默生邀請年輕人參加一個文學聚會。

在這位老作家的書房裡，兩人有一番對話：

「後來為什麼不寄稿子給我了？」

「我在寫一部長篇史詩。」

「你的抒情詩寫得很出色，為什麼要中斷呢？」

「要成為一個大詩人就必須寫長篇史詩，寫抒情詩是毫無意義的。」

「你認為你以前的那些作品都無意義嗎？」

「是的，我是個大詩人，我必須寫大作品。」

「也許你是對的。你是個很有才華的人，我希望能儘早讀到你的大作。」

「謝謝，我已經完成了一部，很快就會公諸於世。」

文學聚會上，年輕詩人大出鋒頭，逢人便談他的偉大作品，鋒芒畢露，說起話來咄咄逼人。

雖然沒人讀過他的大作，即使是小詩也很少人讀過，但每個人都認為這位年輕人將成大器，否則愛默生怎麼會如此欣賞他？

轉眼，冬天到了。年輕詩人繼續寫信給愛默生，但不再提起他的大作。信越寫越短，語氣也越來越沮喪，直到有一天，他終於在信中承認，長時間來他什麼都沒寫。所謂的大作品根本就是子虛烏有之事，完全是他的空想。

他在信中寫道：

「很久以來我就渴望成為一個大作家，所有人都認為我是個有才華有前途的人，我自己也這麼認為。我曾經寫過一些詩，並有幸獲得了您的讚賞，對此我深感榮幸。

使我苦惱的是，自此以後，我再也寫不出任何東西了。不知為什麼，每當面對稿紙時，我的腦中便一片空白。

我認為自己是個大詩人，必須寫出大作品。

在想像中，我感覺自己和歷史上的大詩人並駕齊驅，包括和尊貴的您。但在現實中，我鄙棄自己，因為我浪費了自己的才華，再也寫不出作品了。

尊貴的閣下，請原諒我這個狂妄無知的鄉下小子……」

從此以後，愛默生再也沒有收到這位年輕詩人的來信。

東晉書法名家王羲之，每次練完字就在家門前的池塘洗毛筆。長期下來，池水由清變黑，成了有名的「墨池」。更讓人敬佩的是，王羲之對於功名富貴看得很淡薄，對於國家安危和民生疾苦卻非常關心。

創作最重要的是必須感動人心，只是自我陶醉的不是好作品。一個再有才華的人仍然得不斷吸收新知，不停地練習和努力，且進入人們的生活，才能創作出一件件動人的作品。

故事中的年輕詩人犯了很多人在小有名氣之後都容易得到的「大頭症」。他自視甚高，讓自己不再吸取新知，甚至恃才傲物，不懂得謙虛爲懷。

可見，年少的時候接受磨練和考驗，不見得是件壞事，因爲此時實力尚未成熟。唯有腳踏實地、勤奮努力，厚植自己的實力，才能避免「少年得志大不幸」的遺憾。

可以在舞台上長久綻放自己的美麗，而不只是曇花一現的人，都是不停努力耕耘的人。

身上帶刺，只會使自己陷入絕境

如果我們總是渾身帶刺，動不動就刺傷他人，最後的結果只有處處樹敵，陷自己於孤立無援的絕境。

從小，父母都如此告誡我們：「拿剪刀給別人時，不可以用刀尖對著別人，要拿刀柄給對方，才不會害人受傷。」

沒有特殊的原因和理由，這個習慣就這樣自然而然養成了。多年來，也沒有特別去想過這個問題，甚至認爲這是常識，人人都應該知道才對。

直到慢慢成長後才發覺到，在這個社會上，並不是每個人都有同樣的用心替對方著想。

小趙在一家藥廠工作。

有一天，電路出了問題，主任忙著修理時，小趙幫忙把工具遞給他，就在遞電工刀時，不慎劃破了主任的手。

主任非常生氣，斥責小趙不該在遞刀時將刀尖對著他；小趙則認為這是件小意外，主任故意找自己麻煩。

雙方激烈爭吵的結果，是老闆開除了小趙。

回到家後，心懷不滿的小趙要母親評評理，母親沒有多說什麼，只要他到大哥家走走。

小趙的大哥三歲時因為生病而雙眼失明，是母親心中永遠的痛。好在大哥不因此氣餒，反而加倍努力，習得謀生手藝，膝下幾個小孩也很爭氣，畢業後都有份不錯的工作。

大哥對於小趙的來訪十分高興，親自為他縫了一床冬被。大哥熟練地穿針引線，大嫂在旁邊遞剪刀、針線……小趙驚訝地發現，大嫂遞針和剪刀的時候，都是將針尖、刀尖對著自己。

大嫂說：「我倆都是盲人，在傳遞東西的時候，只有將針尖刀尖對著自己才不會傷著對方。」

小趙這才明白，大哥大嫂結婚多年還是如此恩愛，沒有吵過一次架，原來是這樣時時刻刻為對方著想。

大嫂的話讓小趙對自己劃破主任的手的行為有了認錯的念頭。但轉念一想，盲人是因為看不見對方才這樣，正常人難道也這樣嗎？

第二天，小趙受當醫生的侄兒之邀，到醫院用閉路電視觀看手術的過程。小趙看到護士遞手術刀、止血鉗、縫合針等器械給醫生時，都是將刀尖、針尖對著自己。

這時，小趙才徹底意識到，原來自己是如此自私，不曾為別人著想。他為此深深感到慚愧和自責。

用「刀尖」對著別人，不僅只有安全上的問題，更能反映出一個人怎樣與社會及大環境相處。

如果我們總是渾身帶刺，動不動就刺傷他人，最後的結果只有處處樹敵，陷自己於孤立無援的絕境。不僅職場如此，在家庭中、夫妻間、朋友相處，都是同樣的道理。

用柔軟的手心握住對自己危險的「刀鋒」，是爲了保護別人、尊重彼此，並不是委屈自己的壞事。

不用擔心利刃會劃破掌心，因爲這是你自己能控制的。如同有稜有角的頑石，在大自然的教導下，也能學會用「圓滿」面對人生。

自己也要判斷，才能安全過關

每一個標準都可能有疏失的時候，在下決定之前，也別忘了透過自己的理性判斷，為每一個決定做最後的把關工作。

從古至今，有許多人類依靠動物的智慧的例子。華佗從動物的行爲中發現可以麻醉的草藥；在氣象預測還沒現在發達時，住在草原上的人們利用麝香鼠造窩的厚度來判斷那年冬天會不會很寒冷。動物的敏銳性比人還強，因此牠們能比人類快一步做好準備。

舉個簡單的例子來說，快下大雨時，就很容易看到螞蟻遷移的身影。可是，若你以爲看到成群螞蟻就是快下大雨，卻沒注意到放在廚房的糖罐忘了蓋緊，那麼很快地，屋子就要蟻滿爲患了。

有個人養了幾隻老鼠，讓牠們過著「上流」的生活。他每天除了餵老鼠美味的食物外，還小心地為牠們擦洗身子，老鼠稍有不適，就異常擔心。

他對老鼠的關懷更甚於自己，因此老鼠跟他的關係非常親密。天晴時他們在院子裡玩耍，下雨天就在家裡捉迷藏，他們還經常一起去旅行。

他覺得和老鼠生活在一起非常快樂，但這並不是他疼愛老鼠的主因。

他常常撫摸著老鼠，口中嘟囔著：「如果沒有你們，不知道我會遇到多少災難呢！」原來，他利用老鼠有預知危險的本領，為自己躲掉多次災難。

一開始是在多年前的某一天，老鼠突然集體往屋外逃，他還弄不清是怎麼回事，只是沒命地在後面追。這時，大地震發生了！整座房子應聲倒塌，他因此逃過一劫。還有一次，他坐船要出海，才剛要踏上甲板，老鼠就在他的提袋裡騷動起來，他立即止住腳步，老鼠隨之安靜下來。結果，出航的船遇上大風暴，沉沒在大海裡。

這天，他餵老鼠吃東西時，發現牠們不同尋常，顯得惶恐不安。他知道這是危險的預兆！

「將要發生什麼事？是火災，還是水災？不管它，趕快搬家吧。」由於事出突然，他也顧不得價錢的好壞，胡亂賣掉房子，匆忙搬走了。

喬遷新居後，老鼠恢復了常態。

他稍事休息後，就打電話回去問以前的管理員：「喂，我是以前的老住戶，想打聽一下，在我搬走後，原本的屋子有沒有什麼變化？」

「好像沒什麼。」

「不會的，請您仔細想一下。」

「勉強要說嘛，就是您走後不久，隔壁來了新住戶。」

「是嗎！新搬來的是什麼樣的人？一定是位可怕的人物吧？」他興奮地問著。

他想，災難這時恐怕已降臨到隔壁，自己要是不搬，無疑會被捲入離奇的事件中。

但是，對方的回答卻讓他意外。

「不，是位很和善的人。」

「真的嗎？」他懷疑地問。

「是的，因為他非常愛貓，養了很多，所以……」

故事中的主人翁靠著老鼠的警覺性，躲過了多次災難，卻忽略了老鼠警覺到的不是只有天災，還有對自己有害的天敵——貓。匆忙搬家的結果，就是賤價賣屋的損失。

我們的生活都有一個可供依據的指標，可能是宗教、師長、某某專家，甚至是戴在手上的錶。

我們可以完全信任他們，但也必須保持一定的「彈性」空間，靠自己的直覺和判斷能力做最後的視察，才能更完善地保障自己的身心安全。

畢竟，每一個標準都可能有疏失的時候，也許是對方一時口誤，或個人主觀的意見，甚至是手錶電池快沒電，都可能提供不客觀的資訊。

因此，在下決定之前，除了參考自己信任的指標之外，也別忘了透過自己的理性判斷，爲每一個決定做最後的把關工作，生活才能更加安心。

在不同的領域更要努力

領域不同，更要多花一點的心力。要使自己在不同領域中活躍並非不可能的事，只要願意挑戰自我，就有成功機會。

韓國有個「亂打」團體，他們不用正宗的樂器，而是利用廚房常見的鍋、碗、瓢、盆等器具，配合拍子，譜出震撼人心的打擊樂。

他們眞的是「亂打」一通嗎？其實不然，每一個打擊出的聲音和節奏，都是經過精心安排的。

在一座森林裡，一隻淘氣的小猴子、身上的毛糾纏不清的山羊、憨頭憨腦的驢子和笨手笨腳的熊，打算組樂團，來個偉大的四重奏。

牠們好不容易弄來了樂譜、中提琴、小提琴和兩把大提琴，就坐在一棵菩提樹下，想用牠們的音樂風靡全世界。

牠們笨手笨腳地拉起琴來，連五線譜都看不懂的牠們，可想而知會拉出怎樣的聲音。咿咿啞啞的聲音，讓所有的動物和植物都皺起眉頭。

小猴子率先說道：「停一下吧，兄弟們。這種演奏方法不好，我們連位子都沒坐對。大熊，你奏的是大提琴，應該坐在中提琴的對面。第一提琴該坐在第二提琴的對面。這樣一來，我們就能奏出截然不同的音樂，叫鳥兒和大樹都歡喜得跳起舞來。」

牠們調動了位置，重新演奏起來，可是怎麼也演奏不好。

「嗨，停一停！」這次是驢子開口：「我已經抓到竅門了！我相信坐成一排演奏會更好。」

牠們按照驢子的辦法，坐成一排，可是這樣的安排不但不管用，而且更是亂得一塌糊塗。接下來的時間裡，牠們不斷為了怎樣坐以及為什麼這樣坐的原因吵了起來。

吵鬧的聲音，引來了一隻夜鶯。大家就向這位擁有美妙歌喉的音樂家請教演奏的竅門。

牠們說：「請你仔細教導我們，我們想奏出四重奏，一直無法找出方法。我們有樂譜和樂器，你只要告訴我們位置怎樣坐就行了！」

夜鶯答道：「要奏出一首四重奏，你們必須懂得演奏的技術，光知道怎樣坐是不夠的。就算換別的樂器，結果也會一樣。」

故事中的四隻動物只看到別人演奏樂器的表象，以爲只要依樣畫葫蘆，安排好座位，就同樣能夠譜出優美的音樂，卻不知道其中大有學問。

領域不同，的確會讓一個專家成爲無知的人。然而，這個道理並不是教人放棄手邊的機會，只是更警惕人們，因爲領域不同，更要多花一點心力去研究和努力。

或許你無法奏出美麗的樂章，但是能用欣賞的角度感受其中的美妙才最重要。

當有一天，你想嘗試進入這個領域時，就能感受到自己的不足，也知道需要加強的地方在哪裡。

不僅在音樂或其他藝術領域如此，人生的歷練、生活的挑戰也是同樣的道理。光是位子坐對是不夠的，還要學會看五線譜，再配合實質的練習，才能讓自己不斷進步。

要使自己在不同領域中活躍，並非不可能的事，只要願意挑戰自我，就有成功的機會。

用未來的眼光看現在的情況

一時之間的勝敗、輸贏其實都不算什麼，用未來的眼光看待現在的情況，自然就能看到事情最真實的一面。

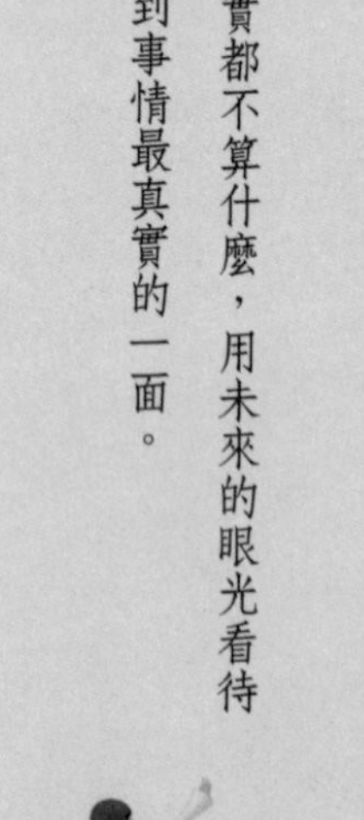

莎士比亞曾說：「世上無福也無禍，全看自己怎麼想。」

我們經常用自己的認知來判斷事情的好壞，卻忘了用心去感受好事中潛藏的危機，以及壞事背後的祝福。

人生是一場馬拉松比賽，不到最後，不知道結果。

但是，到了最後，每個人都會得到同樣的結果，不是嗎？

有一匹戰馬立了大功，將軍特地為他換了一身新馬具。

隔壁的小馬看了，心裡非常不是滋味，忍不住說了幾句酸溜溜的話。戰馬聽了，心平氣和地說：「這沒有什麼，我不過是盡了我的本分而已。」

一年後，戰馬在戰場上受了重傷，準備被送去屠宰場安樂死。

小馬好不容易逮到揚眉吐氣的機會，立刻諷刺牠說：「真可悲，想當初你是多麼的威風，沒想到現在居然淪落成這樣！」

戰馬聽了，同樣心平氣和地說：「這沒有什麼，我只不過比你們早走上了這條大家都會走的路而已。」

從一個更遠的角度來看，一時之間的勝敗、輸贏其實都不算什麼。

如果你現在很成功，那就想一想，十年後，你是否還能像現在一樣風光？如果你正遭遇了不如意的事，那就想一想，十年後，這種芝麻綠豆大的小事算什麼？

大家都知道，時間可以沖淡一切，但是如過眞的要等時間來沖淡一切，豈不是太浪費時間了嗎？

我們只需要發揮想像力，用未來的眼光看待現在的情況，自然就能看到事情最眞實的一面。

人生有太多的可能，衡量得失時，一定要沉得住氣。

「沒有一件事情是絕對的。」甚至連這句話本身，也不是絕對的。

PART 10

忘掉難過，歡樂更多

能改善的部分都盡力了之後，就該忘掉那些惱人的部分，只記住美好的部分，這才是讓生活更輕鬆自在的處世態度。

忘掉難過，歡樂更多

能改善的部分都盡力了之後，就該忘掉那些惱人的部分，只記住美好的部分，這才是讓生活更輕鬆自在的處世態度。

很多生活上的壓力除了原本就存在、不可避免的部分之外，其實有很多都是自己施加給自己的。

上司指責你、同事說你壞話、父母對你嘮叨、另一半和你吵架、小孩不聽話，種種都讓你覺得不愉快。當這個時間點過了以後，你卻無時無刻不將這些人的話放在腦海裡一再回想，那就是一種自虐、自討苦吃的行爲。

默特爾唸小學二年級時，有一天放學回家，一進門就撲進媽媽的懷裡抽泣：「下課休息的時候，一個男同學高聲說：『默特爾，默特爾，慢得像龜沒法逃，長得這樣胖怎麼辦才好？』然後人人都跟著他說……他們為什麼要嘲笑我？我該怎麼辦？」

「我想最好的辦法就是，他們開你的玩笑，你就跟他們一起鬧。」媽媽一邊安慰他，一邊提供解決的辦法。

「怎麼鬧？」

「我們不妨用喜兒糕試一試。」媽媽的眼睛閃閃發亮。

「喜兒糕？」

「對！默特爾的喜兒糕。我們現在就來做。」

很快地，廚房裡就瀰漫著烘烤巧克力、草莓、奶油和果仁的香味。麵粉團剛烤成淺咖啡色，媽媽就把蛋糕從烤箱裡取出來。

「你的班上有多少個同學？」她問。

「一共二十三個。」默特爾回答道。

「那麼我就把喜兒糕切成二十八塊。分給每個同學一塊，老師湯姆金斯太太一塊，再讓她帶一塊回去給她的丈夫，還有一塊給校長先生，剩下的兩塊我們現在就吃。」

「明天我開車送你到學校之後，」媽媽說：「會先去跟湯姆金斯太太談談。到時候她會叫你的同學排好隊，然後一個接著一個對你說：『默特爾，默特爾，請你給我一塊喜兒糕！』」

「接著，你就從盤子裡劃起一塊來放在餐巾紙上，拿給同學並對他說：『我是你的朋友默特爾，這是你要的喜兒糕！』」

第二天，媽媽所說的全都實現了。

從此以後，同學作的第一首打油詩沒有人再唸了。現在默特爾不時聽到同學唸道：「默特爾，默特爾，給我烤個喜兒糕！」

媽媽在萬聖節、聖誕節和情人節都烤喜兒糕，讓默特爾帶到學校分送給同學。昔日嘲笑他的人都成了他的朋友。

默特爾的母親是一位很了解孩子心理的母親，對於幼小的孩子們不了解玩笑話的嚴重性，以及將對他人造成傷害的這一點，她用了最溫和而且最有效的方式來解決。

她並不急著跑到學校找老師或學生家長興師問罪，反而用另一種「遊戲」的方式巧妙改變了整個局面。這個「遊戲」的鬧法，就是讓他們只記得有趣、好玩又好吃的部分，忘掉先前的玩笑與嘲弄。

從單純的孩子身上，我們也能學到一個寶貴的經驗——只要記住好的部分，不愉快的事就會逐漸淡忘。

能解決、改善的部分都盡力了之後，就該忘掉那些惱人的部分。不要月初生悶氣，到了月底成了胃潰瘍！

試著將被罵、不愉快的部分忘掉，只要記住被稱讚、美好的部分。這才是讓生活更輕鬆自在的處世態度。

搞清楚狀況，才不會越幫越忙

為別人擔憂解勞，幫助他們解開煩擾是一件好事，但必須了解狀況、對症下藥，才能達到改善的目的。

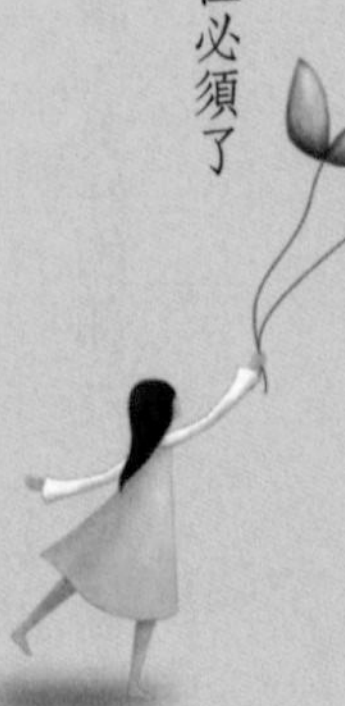

試著回想一下自己的經驗，當你煩惱的時候，是否曾經被「熱心」的友人強迫接受他提供的解決辦法？

「熱心友人」通常只能看見問題的表象，提出的建議對於解決問題多半一點用也沒有，卻自認自己的辦法最有效，逼你一定要照著他的話做。這樣的「熱心」，往往使得已經很苦惱的你又添加幾許厭煩，即使知道對方是好意，也會覺得受不了。

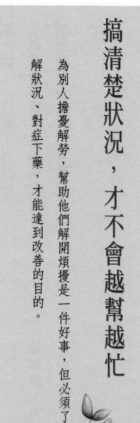

如果你受不了對方如此「熱心」，就不要把同樣的痛苦加在別人身上。

著名的進化論先驅達爾文在日記中寫了一件自己曾經做過的「蠢事」。十九世紀中葉時，達爾文曾周遊世界。有一次，他來到非洲一個原始的部落，那裡的人住山洞，吃草根和野果，過著茹毛飲血的原始生活。

達爾文在那裡住了幾天，有了驚人的發現。由於當地環境惡劣，資源短缺，人們找不到食物時，就將老弱病殘的人分而食之。他們所持的正當理由是：被吃掉的都是公認喪失勞動能力，對部落沒有貢獻的人。

達爾文對這種習俗非常難過，心想，世界已經進入文明時代，但這裡的人還這麼野蠻殘忍，一定要想辦法改造他們。

他用高價買下當地一個出生不久的男嬰，把他帶回英國，他要用現代的教育方式，使這個擁有非洲血統的小孩變成一位「文明人」，然後再讓這個「文明人」去改造家鄉人吃人的原始狀況。

在達爾文用心栽培下，數年之後，這個小男孩果然長成了「文明青年」。達爾文非常高興，透過熟人的幫助，把「文明青年」送回非洲。

一年後，達爾文又來到非洲，想看看十七年前的原始部落有多大的進步。可是，卻找不到那個「文明青年」。詢問之下，當地人才告訴他，他們把那個年輕人吃掉了。

達爾文聽了大大吃了一驚：「那麼優秀的人，為什麼把他吃了？」

「他什麼都不懂，什麼都不會做，還不如吃掉，留下來有什麼用？」當地人理所當然地回答。

來自文明世界的人，反而拖累了在困苦環境中求生存的大眾。什麼都不會的他，只能貢獻出自己的軀體當食物。

自詡爲「文明人」的人多半自視甚高，以爲有了知識就可以改變一切，卻沒有眞正去體會整個大環境的需要。

對原始人來說，「文明」根本是沒用的東西。

他們最需要的，就是每天使自己得以活下去的三餐。他們所過的生活，只不過是遵循大自然最基本的規則。

惡劣環境、物質資源不足，才是眞正需要解決的根本問題。

我們是否也曾像達爾文一樣，只看到表面，就將自己所認爲的好方法、好建議，硬套在對方身上呢？

爲別人擔憂解勞，幫助他們解開煩擾是一件好事，但必須了解狀況、對症下藥，才能達到改善的目的，否則只會愈幫愈忙，甚至傷害了自己。

做自己的依靠，最值得驕傲

「靠自己」並不可憐，更不可悲，能這樣的人更要感到驕傲。因為具有獨立自主的能力，能在任何環境中生存下去。

小蝸牛問媽媽：「為什麼我們要背著這個又硬又重的殼呢？」

媽媽回答牠：「因為我們的身體沒有骨骼的支撐，只能爬，又爬不快，所以需要這個殼來保護自己。」

小蝸牛又問：「可是，毛蟲姐姐沒有骨頭，也爬不快，為什麼牠就不用背這個又硬又重的殼呢？」

蝸牛媽媽說：「因為毛蟲姐姐可以變成蝴蝶飛起來呀。」

小蝸牛：「可是，蚯蚓弟弟沒有骨頭，又爬不快，也不會變成蝴蝶，牠為什麼不用背著這個又硬又重的殼呢？」

媽媽：「因為蚯蚓弟弟會鑽土，大地會保護牠啊。」

小蝸牛不禁哭了起來：「那我們真的好可憐啊，天空不保護我們，大地也不保護我們。」

蝸牛媽媽安慰牠說：「所以我們才要有殼啊！我們不靠天，也不靠地，我們靠自己。」

「我們靠自己！」多麼令人震撼的一句話。

爲什麼這樣一句簡單的基本觀念，卻會令人感到震撼呢？

偶爾和朋友聊起出社會之後的生活，大家難免會感嘆現代人生活辛苦。

在物價不斷飛漲，所得卻沒有相對提升的年代，許多到達適婚年齡，甚至過了適婚年齡的朋友都沒有成家，原因只是單純的經濟問題。

每一次聊天的過程，總會有句熟悉的感嘆詞：「唉！爲什麼我們沒有出生在有錢人的家庭裡？」

這個社會就是如此不平等，有些人為了生活辛苦打拼，有的卻是把別人一個月的薪水當成零用錢花。

拋開「依賴」別人的想法吧！家庭只能當成一個後盾，當你感到徬徨、失落時，家，是一個可以休息的避風港。家人可以帶來精神上的支持，但不能一輩子支援物質方面的需求。

我們會為了「不平等」而感到難過、憤世嫉俗，是因為潛在的觀念還是想「依賴」別人，在得不到的情況下造成觀念上的偏差。

銜著金湯匙出生的人固然令人羨慕，但是他們若沒有自己謀生的能力，一輩子都只能靠著向人「伸手」過日子，那麼跟乞丐不同的地方只在於伸手的對象是父母、親人。

「靠自己」並不可憐，更不可悲，能這樣的人更要感到驕傲，因為具有獨立自主的能力，能在任何環境中生存下去。

用堅毅抵抗壓力

強化自己對於困境的承受能力，從失敗中汲取經驗。跌破大家的眼鏡，展現自己堅毅的一面。

爲什麼擁有相同條件的人，有些人不堪一擊，有的人卻愈戰愈勇呢？差別就在於那顆「心」的堅強程度。

就像電玩世界裡的人物，有些角色雖然擁有技能優越的寶物，可是如果經驗值不足、戰鬥力不強，一樣無法將寶物的特性發揮得淋漓盡致。

有一個農民，初中只讀了兩年，家裡就沒錢供他繼續上學，於是他輟學回家，幫忙父親耕種三畝大的貧瘠田地。

在他十九歲那一年，父親去世了，家庭的重擔全都壓在他的肩上。他要照顧身體不好的母親，還有一位癱瘓在床的祖母需要看護。

二十世紀八〇年代，農田終於開放給農民承包。他把一塊水窪挖成池塘，想在裡面養魚，但鄉裡的地政官員告訴他水田不能養魚，只能種莊稼，他只好把水塘填平。這件事成了當地的大笑話，在別人的眼裡，他是一個想發財但又非常愚蠢的人。

他聽說養雞能賺錢，便向親戚借了五千元，買了一批小雞養了起來。但是一場洪水過後，所有雞都得了雞瘟，幾天內全部死光了。

五千元對別人來說可能不算什麼，但對一個只靠三畝薄田生活的家庭而言，簡直是筆天文數字。他的母親受不了這個刺激，竟然憂鬱而死。

他後來還釀過酒、捕過魚，甚至還在石礦的懸崖上幫人打過零工，可是都沒有賺到什麼錢。

他到了三十五歲還沒娶老婆，因為他實在太窮了，即使是離了婚帶著孩子的女人也看不上他。因為他只有一間土屋，並且隨時可能在一場大雨之後倒塌。娶不到老婆的男人，在農村裡是沒有人看得起的。

但他還想放手一搏，就四處借錢買一輛手扶拖曳機。不料，上路才不到半個月，這輛拖曳機就載著他連人帶車衝入一條河裡。

他斷了一條腿，成了瘸子。至於那部拖拉機，被人撈起來時，已經支離破碎，只能拆開它當作廢鐵賣了。

所有的人都說他這輩子完了。

但是，後來他成了某個城市裡一家公司的總裁，手中有兩億元的資產。

當記者問他：「在苦難的日子裡，你憑著什麼一次又一次毫不退縮？」

他坐在寬大豪華的沙發上，喝完手裡的一杯水。然後，把玻璃杯子握在手裡，反問記者：「如果我鬆手，這個杯子會怎樣？」

記者說：「摔在地上，碎了。」

「那我們來試試看。」他說。

說完他把手一鬆，杯子掉到地上發出清脆的聲音，但並沒有如記者預料中摔碎，而是完好無損。

他說：「即使是十個人在場，十個都會認為這個杯子必碎無疑。但是，這個杯子並不是普通的玻璃杯，而是用玻璃鋼做成的。」

許多功成名就人物過去的事蹟，往往被誇大到如同神話，讓人們覺得他們根本就是天賦異稟。事實上，他們最讓人敬佩的卻是，雖然也曾失意、喪氣，可是從不放棄繼續往上爬的精神。

故事中這位農民雖然經歷許多苦難，可是他不讓自己被打倒，甚至更加強化自己對於困境的承受能力，從失敗中汲取經驗，如同看似玻璃製成的杯子，卻擁有玻璃鋼的堅韌。

讓自己成爲一個堅強的人，即使大家都認爲摔在地面上的自己會破碎，也要跌破大家的眼鏡，展現自己堅毅的一面。

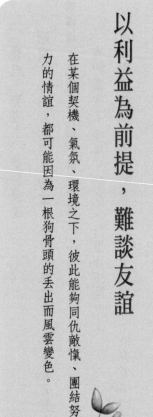

以利益為前提，難談友誼

在某個契機、氣氛、環境之下，彼此能夠同仇敵愾、團結努力的情誼，都可能因為一根狗骨頭的丟出而風雲變色。

黃狗和黑狗趴在廚房外的牆角邊曬太陽。

雖然站在院子門口擔任守衛的工作讓牠們感到威風凜凜，但是牠們剛吃飽，不想再對著來來往往的人們大吼大叫，只想好好地休息一下。於是，兩隻狗就開始閒聊起來。牠們談到人世間的各種問題、自己必須做的工作、惡與善，最後談到了友誼。

黑狗說：「人生最大的幸福，就是能和忠誠可靠的朋友在一起生活，遇到什麼困難就互相幫助，睡啊、吃啊，都在一塊兒，彼此相親相愛，就像英雄好漢一樣惺惺相惜。還應該抓緊機會使朋友高興，讓牠的日子過得更加快樂，同時也在朋友的快樂裡找到自己的歡樂。天下還能有比這更幸福的事嗎？假如你和我成為這樣親密的朋友，日子一定好過得多，也許連時間的緩慢流逝都感覺不到了。」

「太好了，就讓我們做好朋友吧！」黃狗熱情地說道。

黑狗也很激動：「親愛的黃狗，過去的日子裡，我們朝夕相處卻沒有一天不打架，有好幾回都讓我感到非常痛心！當初是何苦呢？我們不愁吃，住得也寬敞，打架是沒有意義的！人類把我們當作友誼的典範，就讓我們用行動證明給人類看。要結成好友是沒什麼障礙的！來吧，握握爪吧！」

「贊成，贊成！」黃狗嚷道。

剛成為好朋友的兩隻狗立刻熱情地擁抱在一起，舔著對方的臉孔，那副高興的模樣，比吃了一頓牛排大餐還開心。

「友誼萬歲！吵架、妒忌、怨恨都滾開吧！」

就在兩隻狗開心大叫的同時，廚子扔出來一根香噴噴的骨頭，兩個新朋友立即像閃電似的朝著骨頭直撲過去，友好和睦像被火灼燒蠟一樣融解掉了。

「親密」的朋友「親密地」滾在一起，相互撕咬，狗毛漫天紛飛。直到一桶涼水澆到牠們的背上，才把這一對「親密的朋友」拆開了。

爲什麼人們總說學生時代的生活比較單純，認識的朋友也能長久往來？這是因爲彼此之間沒有「利益」的牽扯。

但是，步出校園，情況就不一樣了。

一些很單純的事情，哪怕只是自願爲大家服務，掃掃地、整理周遭環境的無心舉動，到了社會的大環境中都會被扭曲解釋。這麼做是不是別有所圖？還是要故意求表現？

因此，在某個契機、氣氛、環境之下，彼此能夠同仇敵愾、團結努力的情誼，都可能因爲一根狗骨頭的丟出而風雲變色、翻臉不認人。

你可能很難想像，當初和自己如此交心、談得來的那個人，爲什麼會有那麼大的轉變？

幾次的教訓下來，雖然會讓你感到傷心，但也讓你成長，了解社會的現實面，並懂得保護自己。

只有當自己能「滿足」時，才能進一步談「情誼」。

很多原本熱愛生命、懷抱熱誠的單純心靈，也會因爲適應社會而喪失最初的理念，實在是一件非常可惜的事。

然而，這是可以避免的。雖然不用爲自己築起一道牆，把每個人都當成敵人，但防人之心不可無，做任何決定之前要先記得保護自己。

別被外在環境影響內心平靜

只要做好自己本分上的工作，就不需要太在意別人的想法。
別人的攻擊、冷言冷語我們不一定要接受。

自古以來，雞群總是喜歡相互挑釁。這個本能是牠們建立階級、地位的辦法。直到人類開始養雞以後，這種互鬥的脾氣就成了「生意人的煩惱」。上百萬隻雞在雞舍裡打來鬥去，讓養雞人面臨的「雞群死亡率」高達百分之二十五。

幾年前，加州一個蛋農發現他的雞死亡率忽然大降，仔細觀察之後，原來是因為有很多雞罹患了白內障。獸醫告訴他這種病無法根治，然而這名蛋農並不是真的想幫雞治病，因為雞愈看不清楚，就愈不會互相打鬥。

獸醫們針對這個現象做了一番研究，他們打算利用鏡片製造白內障效果。經過實驗之後發現，戴了粉紅色隱形眼鏡的雞，會失去互相挑釁的衝動。

這個消息一傳出，除了美國各地，還有遠從世界多個國家紛紛寄來大量的訂單。可惜這樣熱門的產品還不能進入量產階段，因為鏡片開發仍不夠完善，很容易就會滑落。

又經過幾年的研究，獸醫成立了一間公司，製造出較為可靠的鏡片，幫雞戴上後，可以維持一年不掉出來。這種隱形眼鏡裝在雞的內眼皮上，內眼皮不能再張開，牠們就看不清楚了。

至於粉紅色鏡片的醫學解釋是，雞看見血時，互相侵啄的本能就會增強，所以只要讓牠們看見一片粉紅的世界，血的顏色就不會那麼明顯了。

在這種新型隱形眼鏡尚未問市之前，大多數雞農的解決之道是把剛孵化小雞的尖喙剪掉，但這不是個好辦法。

一方面喙不完整，啄食時會造成浪費；另一方面，「愛雞協會」及其他保護動物組織也反對剪掉雞喙的粗魯辦法。

新的雞專用隱形眼鏡每副約二十分美元，保證雞的死亡率從百分之二十五減到百分之五。雞雖然會終身視線模糊，但是牠們可以專心生蛋長肉，不會急著去打鬥，也不怕被同類啄死。

至於雞農如何替上百萬隻雞戴上隱形眼鏡，要雞農藥自己傷腦筋了。

電影〈花好月圓〉中，一位失去嗅覺的老太醫，在有機會獲得治療的情況下卻斷然拒絕。因爲他的老婆是一個很會放屁而且奇臭無比的人。爲了不讓「臭屁」影響兩個人的感情，他寧可放棄自己的嗅覺。

在故事中，雞群們也因爲看不清楚而減少打鬥的情況，這是不是也告訴我們，有時候做人不需要太過於斤斤計較，有些事情、有些話，看過、聽過就算了，不用太放在心上。

每當政治成爲發燒話題時，總有許多家庭爲了政黨問題鬧翻天，甚至有許多人必須求助於心理醫生。心理醫生也不停呼籲人們少看新聞，才不會愈看愈氣，徒增自己的精神壓力。

當一個粗線條的人並沒有什麼不好，或許會有人覺得這種人反應慢、思考不夠敏捷，但那又何妨呢？粗線條一點，很多不愛聽、不好聽的話就聽不懂，也不會聽進去。

只要做好自己本分的工作，就不需要太在意別人的想法。

讓自己「看不仔細」、「聽不清楚」並不是逃避責任，而是保護自己的一種方式。別人的攻擊、冷言冷語我們不一定要接受。碰上這些事的時候，可以選擇閉上眼睛、關上耳朵，享受一個人的寧靜。

別把家人當敵人

婆媳之間是否一定要戰爭？男人是否一定要當夾心餅乾？不妨想想，既然決定要成為一家人，又為什麼要把對方視為敵人呢？

男人常是婆媳之間的那塊夾心餅乾，平時不論偏袒哪一方都不對，一旦出了問題，就像「豬八戒照鏡子」一樣，裡外不是人。

但是，男人不能把問題置之不理，試圖置身事外，否則必然將會讓自己陷入怎麼做都不是的地步。

結婚二十二年以後，畢頓才找到和妻子佩姬親近的秘方。

佩姬對畢頓這麼說：「我知道你很愛她，既然生命如此短暫，你就應該多跟你所愛的人一起共度時光。我覺得，你們兩個在一起的時間越多，反而會讓我們更加親近。」

畢頓剛開始簡直不敢相信自己所聽到的，因為妻子佩姬竟要他去和另一個女人約會，而且深信，他們約會得越久，夫妻的感情反而越好。

佩姬鼓勵畢頓去約會的女人，其實是畢頓七十二歲的老母親。

自從畢頓的父親二十年前去世以後，他的母親就一直獨居到現在。雖然畢頓在成家立業之後，一直有接母親前來同住的念頭，但是由於母親不想離開家鄉，而畢頓也沒把握佩姬願意接納這個做法，於是不了了之。

在佩姬催促之下，畢頓打了電話給母親。

接到電話，畢頓的母親顯然相當吃驚，連連地問：「發生了什麼事嗎？」她以為兒子無緣無故打電話，肯定有什麼問題。

所以，當畢頓邀約她一起去吃飯、看電影的時候，她顯得受寵若驚。當然，她還是很愉快地答應了。

到了約定當天，畢頓開車來接母親，他覺得母親看起來好像有點不一樣了。盛裝打扮，還特地去做了頭髮，看起來精神煥發。畢頓覺得有好長一段時間未曾見過母親如此神采奕奕的模樣了。

原本畢頓的心是忐忑的，他不知道這麼久沒有和母親單獨相處，兩個人該說些什麼話，反倒是畢頓的母親顯得健談許多，聊了許多趣事，讓畢頓原本的不自在感漸漸消除。

他的母親說：「我告訴我的朋友，我兒子今天要帶我出去約會，她們全都大呼小叫的，迫不及待地要我告訴他們今天晚上的約會經過。」

畢頓突然覺得，自己像是回到小時候，每天一放學就衝進廚房裡對著煮晚飯的母親嘮叨一整天在學校裡發生的事。

那種感覺，現在回想起來，實在溫馨極了。

點菜的時候，畢頓很自然地拿過菜單，因為母親的視力已經退化到看不太見上面的字了。

看著畢頓一一點菜的模樣，他的母親笑著說：「呵呵，現在交換過來了，以前可都是由我來點菜的呢。」

一頓飯吃了下來，母子二人的話匣子打開，說了又說、聊了又聊，最後甚至錯過了看電影的時間，整個吃飯的過程輕鬆且愉快。

最後，畢頓開車送母親回家，臨去前，他給了母親一個吻。他的母親笑著說：「下一次我還要和你一起去約會，不過，換我請客。」

畢頓心情愉快地回到了家，妻子佩姬連忙來問他狀況如何，他摟著妻子，在她頰上輕吻一下，而後說：「謝謝妳，老婆。」

佩姬紅了臉頰，語帶得意地回了句：「我早告訴你了，不是嗎？」

小說家亨利．詹姆斯明確地指出：「和人交往時，切勿忘記一件事，即對方有固有的生活方式，不可以干擾他人的生活。」

尊重彼此，留有妥協與呼吸的空間，我們將不會有摩擦。

經營婚姻生活，也是相同的道理。一段婚姻的展開，不只結合了兩個人，也結合了兩個家庭。不論男方或女方，都等於是多了一對父母；不論是公公婆婆或是岳父岳母，都等於是多了一個孩子。

當然，突然不得不和完全不相熟識的人相處，剛開始必定會經過一陣子的磨合期。比起已和「新」父母相處數十年的另一半，自然得面臨更多的衝突與協調，這是不可避免的。

但是，就像結交新朋友，不都是得從認識對方開始做起，了解對方的優缺點後，以誠摯的態度交往？

如果有了先入爲主的想法，恐怕還沒有展開婚姻生活，就已經決定要彼此爭鬥了。「否定」與「敵對」的結果必然難以避免。

婆媳之間是否一定要戰爭？男人是否一定要當夾心餅乾？不妨想想，既然決定要成爲一家人，又爲什麼要把對方視爲敵人呢？

生活良品

47

你的心境，決定你的人生

作　　者　連城紀彥
社　　長　陳維都
藝術總監　黃聖文
編輯總監　王郡凌
出 版 者　普天出版家族有限公司
新北市汐止區忠二街 6 巷 15 號
TEL / (02) 26435033 (代表號)
FAX / (02) 26486465
E-mail：asia.books@msa.hinet.net
http://www.popu.com.tw/
郵政劃撥 19091443 陳維都帳戶
總 經 銷　旭昇圖書有限公司
新北市中和區中山路二段 352 號 2F
TEL / (02) 22451480 (代表號)
FAX / (02) 22451479
E-mail：s1686688@ms31.hinet.net
法律顧問　西華律師事務所・黃憲男律師
電腦排版　巨新電腦排版有限公司
印製裝訂　久裕印刷事業有限公司
出 版 日　2022 (民 111) 年 4 月第 1 版
I S B N◎978-986-389-815-3　　條碼 9789863898153

國家圖書館出版品預行編目資料

你的心境，決定你的人生／
連城紀彥著.—第 1 版.—：新北市,普天出版
民 111.4 面；公分. - (生活良品；47)
I S B N◎978-986-389-815-3 (平裝)

普 天 之 下 · 盡 是 好 書

普天出版家族
Popular Press Family

凌雲文創
A-Plus Creative Company